Introducing Descartes

Text & Illustrations copyright ©2013 Icon Books Ltd.

This edition arranged with Icon Books LTD

through BIG APPLE AGENCY, INC., LABUAN, MALAYSIA.

Simplified Chinese edition copyright:

2019 SDX JOINT PUBLISHING co. LTD.

All rights reserved.

笛 卡 尔

Introducing Descartes

戴夫·罗宾逊（Dave Robinson）/ 文

克里斯·加勒特（Cris Garratt）/ 图

王凡帆 / 译

Simplified Chinese Copyright © 2019 by SDX Joint Publishing Company.
All Rights Reserved.
本作品中文简体版权由生活·读书·新知三联书店所有。
未经许可，不得翻印。

图书在版编目（CIP）数据

笛卡尔／（英）戴夫·罗宾逊文；（英）克里斯·加勒特图；王凡帆译．—北京：生活·读书·新知三联书店，2019.10（2025.5 重印）
（图画通识丛书）
ISBN 978-7-108-06696-1

Ⅰ．①笛… Ⅱ．①戴…②克…③王… Ⅲ．笛卡尔（Descartes, Rene 1596-1650）－哲学思想－研究 Ⅳ．① B565.21

中国版本图书馆 CIP 数据核字（2019）第 181884 号

责任编辑	李静韬
装帧设计	张　红
责任印制	卢　岳
出版发行	生活·讀書·新知 三联书店
	（北京市东城区美术馆东街 22 号 100010）
网　　址	www.sdxjpc.com
图　　字	01-2018-6758
经　　销	新华书店
印　　刷	北京隆昌伟业印刷有限公司
版　　次	2019 年 10 月北京第 1 版
	2025 年 5 月北京第 2 次印刷
开　　本	787 毫米 × 1092 毫米　1/32　印张 5.75
字　　数	50 千字　图 178 幅
印　　数	08,001－11,000 册
定　　价	35.00 元

（印装查询：01064002715；邮购查询：01084010542）

目 录

001 现代的开启者
002 早期和青年时代
004 从军
006 笛卡尔的三个梦
009 笛卡尔在荷兰定居
011 经院哲学
013 科学的萌芽时期
017 什么是科学
018 还原到数学
019 作为科学家的笛卡尔
021 原因
022 谈谈方法
023 心中清楚明白
024 什么是清楚明白的理念？
026 逻辑必然性与因果必然性
027 你能知悉蜂蜡吗？
029 理性主义者和经验主义者

031 怀疑主义简史
032 皮浪主义者
033 皮浪主义者的论点
035 塞克斯都和其他的怀疑主义者
037 笛卡尔式怀疑
039 如何进行普遍怀疑
040 眼见不一定为实
042 做梦
043 理性主义者与理性
044 隐形恶魔
046 感官欺骗了我们吗？
047 我们是梦还是醒？
049 隐形恶魔是什么？
050 私人语言之不可能
052 回到苹果筐的比喻
053 最后一个苹果：我思故我在

055 什么是"Cogito"？
057 Cogito 的死胡同
058 公共知识
059 清楚分明原则
060 清楚分明原则的问题
061 上帝的必要性
062 标记论证
064 笛卡尔式循环
065 本体论论证
066 一系列有漏洞的证据
067 犯错
068 理智 VS 意志
070 信念是廉价的
071 信念与信仰
072 好的赌注
074 荷兰的宁静生活
080 对知觉的沉思
082 再次引入上帝
083 数学的确定性
084 古希腊的数学
085 宇宙是数学的吗？
086 数学家笛卡尔
087 数学之严密
088 然而什么是数学？

089 数学相对主义
090 形式主义者
091 成功故事
093 被数学化的人类
094 被数学化的一切
096 广延实体
101 精神实体
102 笛卡尔式的二元论
103 二元论论证
104 思考着的存在
106 笛卡尔二元论的问题
107 另一个论证
108 人类和语言
109 大脑还是心灵？
110 脑损伤的后果
111 身心交感
114 看见和听见世界
116 感知和想象
118 以三元论解释感觉
121 心灵哲学
122 对批评的开放态度
124 身心问题
126 一些奇怪的回答
130 大脑如何进化成心灵？

132 什么是意识?
133 意识的不同层面
135 大脑不等于心灵
136 行为主义者
137 行为主义者的问题
138 物理主义者
139 物理主义者的问题
141 功能主义者
143 功能主义者的问题
144 人类和计算机
146 计算机能理解吗?

149 《哲学原理》
150 归隐
152 笛卡尔与伦理学

154 英格兰的邀请?
155 瑞典的邀请
156 法国人都跳舞
157 清晨5点的课程
160 笛卡尔的遗产
162 思考的个体
163 后现代的心灵
166 "我们到底如何思考?"
167 知识与确定性
168 后现代主义

170 延伸阅读
170 致谢
172 索引

现代的开启者

世人公认现代哲学肇始于笛卡尔。为什么他"现代"?因为他坚持自己思考,而非简单接受他被教导的内容。借由这种方法,笛卡尔相信他可以为全部人类知识建立起哲学和数学的根基——这一极具雄心的探索最终发展得异常个人化、极度主观化。笛卡尔的哲学就像是一段精神之旅,他邀请读者们参与其中,还经常许诺会有意想不到的结果。

我要发掘我们灵魂中真正的宝藏,向每个人坦率说明一种工具——利用它我们能从自身中发现指导生活所需要的全部知识——以及使用它来获得人类头脑所能处理的全部知识的方法。

早期和青年时代

1596年，勒内·笛卡尔（René Descartes）出生于法国图赖讷地区的拉海（La Haye, Touraine region）——这个镇子现在改名叫"笛卡尔"了！他是一位贵族的儿子，这意味着他从来不需要为了生计而工作。八岁的时候，他被送到了安茹的拉弗莱什（La Flèche in Anjou）耶稣会学校。在这所天主教学校里，他学习了希腊语、拉丁语、数学和经院哲学。

在学校里我得出结论，只有数学是有真正价值的学问——这个观点，我将秉持终生。

笛卡尔的健康状况堪忧，所以被批准每天上午卧床至11点——他成年后依旧保持这个习惯。他常常拿出早上的几个小时时间专注地思考，然后把一天里剩下的时间拿来休息和放松。

离开拉弗莱什不久,笛卡尔写了一本叫作《击剑艺术》的书,详陈击败对手所需的各种技巧和策略,现已佚失。据称笛卡尔的剑术和他的哲思一样优秀。他或许可能成为有趣的"第四位"火枪手。

笛卡尔第一本出版的作品是有关音乐的小论文。

最后他前往普瓦捷大学(University of Poitiers)学习法律。尽管取得了律师资格,他从未实操过。

从军

取而代之的是,笛卡尔决定去旅行,看看这个世界。

他身形矮小,巨头大鼻、说话有气无力。尽管如此,他还是在荷兰加入了拿骚的莫里斯的军队,后又在德国加入巴伐利亚的马克西米利安的军队。当时整个欧洲正遭受著名的三十年战争(1618—1648年)的折磨,但笛卡尔并不适合军旅生活——他最终把自己从战争和政治中抽离出来,"在生活的热闹戏里,我只当观众,不当演员"。

一个有意思的机缘是 1618 年 11 月 10 日在荷兰的布雷达镇（Breda）的一次偶遇。笛卡尔看到一块用荷兰语写的公告牌，于是请一位过路的陌生人翻译一下。这位路人叫作伊萨克·贝克曼，不久就成了笛卡尔的挚友。

笛卡尔的三个梦

1619年11月10日,笛卡尔被困在了一个叫多瑙河畔诺伊堡的小镇上。作为一个准备去法兰克福见证费迪南二世加冕仪式的二十三岁士兵,他在旅途中兴致算不不上高。然而巴伐利亚的酷寒,还是让他不得已推迟了回程。

……冬天已经到了,我只好留在驻地。那里既找不到人聊天解闷,幸好也没有什么牵挂,没有什么情绪使我分心,我成天独自关在一间暖房里,有充分的闲暇跟自己的思想打交道。

第一个和第二个梦

笛卡尔在这间被暴风雪包围的暖房中的思考,改变了整个西方哲学史。他做了最为不同凡响的一系列鲜活的梦。

醒来后,他花了两个小时担忧,怀疑是某种邪恶的恶魔把这奇怪的景象塞进他的脑海。

下一个梦也没有好到哪儿去——他听到了一声巨雷,发现自己被困在了一个满是火焰和火花的房间里。

第三个梦

幸运的是,他的第三个梦较为安静。他在端详床边的几本书,有一本百科全书,还有一本诗选。

笛卡尔一直对数学和科学抱有兴趣,他的最后一个梦也告诉他,有一种方法可以把人类的所有知识融为一体。"如果我们能明白科学之间是怎样互相联系的,我们就会发现在脑海里记住那些科学知识不比记住一串数字难多少。"

他一直相信自己的梦,也从未放弃追寻这些梦赋予他的目标。因为这个在寒冷陌生的小镇里度过的神奇的夜晚,笛卡尔成长为他的时代中最重要、最具影响力的哲学家。

笛卡尔在荷兰定居

1619 年至 1623 年间,笛卡尔游历了整个欧洲。他声称自己在弗里斯兰(Friesland)的时候差点儿被一群水手谋害,但他持剑将他们吓走了。1623 年,他参观了位于洛雷托(Loretto)的圣母之家——为了履行四年前他做了那些鲜活的梦之后许下的誓言。接下来他在巴黎生活了四年。但是在 1628 年,他搬到了尼德兰,并在此度尽余生。或许,比起自己的祖国法国,他更倾心于荷兰较为包容的清教徒社会。

我可以活得与世隔绝、退守自居,犹如身处最遥不可及的沙漠。还有哪个国家能让我享受到这样彻底的自由?

1635年笛卡尔做了父亲。早先在阿姆斯特丹时，他和女仆赫莲娜有过一段感情。于是那一年母女二人都去和他一起生活，住在他乡下的隐居地桑特波尔特（Santpoort）附近。不幸的是，他的女儿芙朗辛（Francine）年仅五岁就死于猩红热——这对笛卡尔影响至深，他再没有别的孩子。

在荷兰期间，笛卡尔终于写出了他大部分的传世名作：《论文集》（1637年，包括著名的《谈谈方法》）、《第一哲学沉思集》（1641年）和《哲学原理》（1644年）。

经院哲学

理解笛卡尔在他的时代面临的哲学和科学状况,是很重要的。当他在欧洲知识界崭露头角时,罗马天主教教廷对全部智识活动的统治已经持续了好几个世纪。学者们倾其一生努力将**亚里士多德**(Aristotle,公元前384—前322)等先贤大哲的智慧同基督教教义融贯结合,却并不为发掘新的知识做任何努力。

这种传统且极其保守的求知方法被称为经院哲学。经院主义的哲学本质上是一个宏伟的形而上学的神学体系，关切基督教信条的逻辑演绎。其践行者，被称为"经院学家"，是学术化的哲学家，通常也是神职人员。影响力最大的经院学家是多米尼克会的神学家**圣托马斯·阿奎那**（St. Thomas Aquinas，约 1225—1274），他成为在信仰和理性问题上无可争议的权威。

科学的萌芽时期

原创的想法不被鼓励,新观念需要伪装成对旧文本的评注来暗度陈仓。因为这种深厚的崇古风气,学者们一以贯之地信仰亚里士多德的"科学",无论它是多么的荒诞不经、令人难以置信。发现事物是通过陈旧的书籍,而不是通过望远镜。如果亚里士多德说蟾蜍可以靠餐风饮露活着,没人觉得有必要去看看是真是假。

经院主义者们接受了亚里士多德对事物是其所是的"解释",这解释空洞且自我循环,令人难以满意。照他所说,石头掉在地上是因为它们有一种"往地上掉的倾向"。

笛卡尔迫不及待要发掘更新、更好的获取知识和真理的方法。

在笛卡尔的时代,"知识"是事实与想象、神话与魔法、教会信条与胡乱推测的古怪交织。文艺复兴时代的"科学"仍旧把占星术、炼金术囊括其中,仍对规律和相似性有一种迷恋。**帕拉塞尔苏斯**(Paracelsus,1493—1541)作为一个在医学治疗手段上有创造力,有不少重要发现的瑞士医生,也还是会考虑神秘的相似性。

握住萨蒂利孔花的根,难道这形状不是很像男性的阴茎吗?因此魔法已经发现和揭示了,这花的根可以给予男人们强壮和激情。

笛卡尔生活的时代很奇特,既属中世纪又属"现代",是"科学"作为一种独特的人类活动而被"发明"的时代。

1627年，**开普勒**（Johannes Kepler，1571—1630）发表了行星按椭圆轨迹运行的精准预测。在清教盛行的英格兰，**弗朗西斯·培根**（Francis Bacon，1561—1626）正在写一本书，讲述"科学"方法产生的全新力量和激动人心的发现。像**伽利略**（Galileo Galilei，1564—1642）这样的"现代"科学家们正在迅速发现亚里士多德的言论中有很多都是无稽之谈。

虽然许多这样的新时代的人态度上是"现代的"，在其他方面他们仍然十分"中世纪"。他们之中没有任何人质疑过上帝的存在（笛卡尔经常引入上帝，将上帝用作其哲学信条的保证）。

17世纪的伟大的科学思想者们大多数也是基督教信徒，虽然这没能阻止他们质疑罗马天主教廷坚定维持的许多"永恒真理"。但是在17世纪早期的欧洲，违抗官方的教会信条、激怒可怕的宗教裁判所仍然是危险的。

1629年笛卡尔正在写作一部关于自然现象的作品（**《论世界》**），里面提到了宇宙也可能以太阳为中心。但是到了1633年，听说伽利略因为发表了同样的观点而被软禁在意大利，他明智地推迟了自己这部作品的发表。

笛卡尔意识到，他的新式思维可能会挑战强大的经院主义的知识界，宣告它将被淘汰。然而，如他所说，"我渴求过得平静，继续我在此箴言下已经展开的生活——**若想活得幸福，避开众人眼光**"。

什么是科学

笛卡尔相信可以有一种新的系统的"科学"方法。他尝试将知识类比为一棵树来说明这个方法。

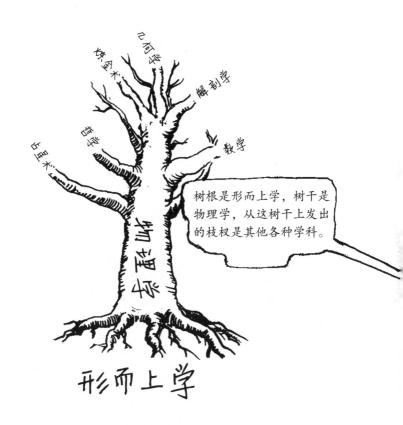

树根是形而上学,树干是物理学,从这树干上发出的枝杈是其他各种学科。

笛卡尔尝试描摹的就是我们现在称之为"科学"的那种人类活动,这也是为什么他用到的有些关键词会给现代的读者带来困扰。"科学"和"哲学"两个词经常混淆不分,可以指代我们如今不再认为是"科学的"各种学问。他并没有像我们现在这样严格明确地区分哲学和科学。

还原到数学

笛卡尔希望指出,知识之树的所有不同分枝都有一个根本的统一性。然而这种统一性是什么呢?天文学家和科学家们都越来越相信,要理解宇宙究竟是什么样的,数学或者直接的观察比亚里士多德或《圣经》更能抓住关键。

数学表达出了知识的所有分支共有的基础性的根本结构。

这是现代科学的一大主要特征,即**还原论**。无数事物被还原,借由实在的少得多的基础特征或"简单本质"而得到解释。

作为科学家的笛卡尔

笛卡尔自己也算是一位科学家,尽管不算非常成功或非常有影响力。他的一部分学说至今仍旧有价值,比如他第一个发表了光学反射的基本原理(入射角等于反射角),但是更多的看法现在已经显得奇怪。笛卡尔相信所有物体都由微小且无限可分的"微粒"构成。于他而言,所有的物质都是(在长、宽、高上)"有广延的",广延即物质——所以虚空和原子都是不可能存在的。

我们知道绝对不会有不可分割的原子……因为如果存在这种东西,不论多小,它们都必须是有广延的,那么就是可分割的……

由于没有融贯的重力学理论，笛卡尔式的宇宙由旋涡组成——宇宙就像是物质的旋涡。这个宇宙模型一度被接受，直到**伊萨克·牛顿**（1642—1727）把它无情打倒。笛卡尔还确立了极具影响力的概念，第一性质和第二性质。

微粒的"第一"性质是其可量化的数学属性，比如广延和运动，是其本身固有的。

"第二"性质（比如气味和颜色）是微粒作用在我们人类知觉上的结果，所以常常是主观的、不确定的。

原因

笛卡尔对物理科学的贡献或许更像是概念层面上的,而不是实际层面上的,因为他促成科学家们改变了思考"原因"的路径。经院主义坚持认为万事万物都有其"目的因",它解释了事物如何以及为什么像自身那样运转。

宇宙中的每一件事物都指向某种宇宙的终极目的,科学家的工作就是去发现这个目标是什么。

"精微博士"I.D. 司各脱,亚里士多德主义学者,生卒:约1273—1308

于我而言,物体和事情的"目的因"是一个或许只有上帝知道的谜。科学家的工作是调查那些先于结果出现的原因,而非揣测玄奇力量或终极目的。

亚里士多德主义的宇宙观基本上是泛灵论的——磁铁吸引铁石因为它们有"吸引的性质"。笛卡尔对这样差强人意又循环论证的解释很不以为然。他的宇宙是数学的、机械的,因而是可以预测的。

谈谈方法

笛卡尔 1637 年的**《论文集》**关涉屈光学、气象学和几何学。但是现在最重要的是这本论文集的序言——**《谈谈正确运用自己的理性在各门学问里寻求真理的方法》**（是写于 1628 年的早期未发表著作**《指导心灵的法则》**的改良版）。笛卡尔认为一定存在一种方法，可以将人类对知识的探寻活动组织起来，使其更系统化，更有成效。**《谈谈方法》**仔细列出了全部"指导心灵的法则"，如若科学研究不想落入直觉和猜测的混乱交织中，就需要遵循这些法则。在这里，笛卡尔试图展现，仅运用几个核心的程序性的规则去发现真正的知识是如何可能的。

他认为这些规则可以成为一种新的科学逻辑的基础。

心中清楚明白

笛卡尔反复强调的一条规则是，**真实的**观念必须是在你心中"清楚明白"的。笛卡尔所说的"清楚"即是，心中的理念于我们而言必须像肉眼所见的物体那样清楚明白。

我称之为"明白"的知觉，不仅清楚而且确实区别于其他，因而不包含任何不清楚的元素。

这种**头脑中的**视觉化的清晰明了，在我们学习几何学或数学的时候是讲得通的。我们在脑海中看见数字和几何图形，不会把一个跟另一个混淆起来。而且，如果我们恰当地理解了自己在做什么，那么我们的数学或几何学知识就会是正确的。

什么是清楚明白的理念?

但是如果我们把这个"清晰性原则"用在其他的知识上,似乎就模棱两可,无甚助益。我们可能对很多事都有清楚分明的观念——比如地球是平的,太阳在转动——但是这不保证我们都是对的。很多科学真理的问题在于,它们经常是反直觉的。这意味着科学经常与常识的推理或直觉相悖。

笛卡尔似乎觉得科学知识就像几何学的公理和推理一样。问题是，科学理论常常源于某种观察结果，因而只是暂时有效的。如果有人宣称所有的青蛙都是两栖的，这就涉及我们已有的知识：什么是青蛙，什么是两栖的行为。但是这两个概念最终都依赖于我们对青蛙的观察。

我们不可能仅仅运用心智就研究出关于青蛙的任何真理。

几何学和科学事实不是一回事。

然而，笛卡尔认为世界本质上来讲是数学的，也最终可以在数学的基础上被研究和理解。

逻辑必然性与因果必然性

笛卡尔脑海中也没有完全弄清楚因果必然性与逻辑必然性的区分。如果你说 2+2 **必然**是 4，那这个"必然"是逻辑上的。如果你的车抛锚了，然后你说它**必然**有个原因，这个"必然"是基于你过去的驾车经验——比起逻辑性，这个"必然"更多是在心理上的。这种混淆可能使得笛卡尔相信，你能够掌握纯粹的几何学，进而就能拥有物理世界所需的知识。

……我们运用的唯一一条原理，在我们看来是不证自明的；如果我们所做的全部推断都是借助数学推理，并且所有这些推断都精确地符合自然现象，然后我们还要怀疑这种有根据的发现为假，那么我认为，我们就是在亵渎上帝。

你能知悉蜂蜡吗？

笛卡尔并不认为观察完全是在浪费时间。研究这个世界是有用的——但仅仅用来确认你的数学模型是否合理。

在一篇令人震惊的文章中，笛卡尔宣称，仅仅通过感觉不可能真正知悉什么是"蜂蜡"。当你看着蜂蜡的时候，它有时候是固体，有时候是液体。

"它还没有完全失去蜂蜜的甜味；它还保留着一些从花里采来的香气；它的颜色、形状、大小是明显的；它坚硬、冰凉，容易持握，如果你用指节敲它一下，它还会发出一点儿声响……"

蜂蜡的感知摹本

感知者：勒内·笛卡尔

"现在把蜂蜡放在火旁边。它失去了残存的甜味,香气消散了,颜色改变了,形状消失了,体积增大了,它变得流动、炽热,摸不得了,当你敲它的时候也不再有声响了。原来那块蜡还在吗?那是当然……"

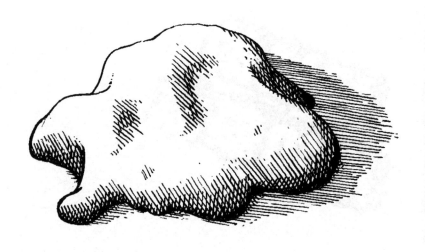

他接着问了一个非常奇怪的问题——我们怎么知道它就是原来那块蜂蜡呢?不可能是通过我们的感觉,感觉给我们的信息是如此相互矛盾。这意味着"我知道蜡的本质,并非借助想象,而纯粹是通过头脑的洞察……我现在知道了,即使是物体也不能通过感觉或想象力来领会,而只能通过理智知悉……"

这么说的确是挺奇怪的。笛卡尔持这种观点的一个原因是,他是一位坚定的**理性主义者**。

理性主义者和经验主义者

17和18世纪的哲学家常被划分为要么是"理性主义者",要么是"经验主义者"。理性主义者认为,唯一可靠的知识必须源于我们对纯粹理性的运用。他们通常痴迷于纯粹的脑力活动,比如数学或逻辑学,而鄙弃从我们那不可靠的感觉器官得来的知识。对他们来说,没有源自感觉而不源自头脑的知识。

理性主义者总是很难接受那些宣称是关于世界本来样子的主张,相对更能接受那些必然的、从数学和逻辑学中推导的无关经验的主张。

经验主义者表示反对,他们相信只有运用自己的感觉才能真正认识外部世界。我们只有看到了蜂蜡才知道蜂蜡是什么,想是想不出来的。我们调动自己的感官去看了之后,才能对看到的是什么样的东西形成概念。

洛克:如果我们没有主动运用头脑中的这些概念去整理感觉获得的信息,给它们分类,我们很快就会发现这世界杂乱无章、寸步难行。

理性主义者和经验主义者无休无止的争论在今天看来既无用又枯燥,笛卡尔坚持认为只有一种脑力活动有价值,好像也过于独断。更合理的论断是,我们的感性和理性实际上是紧密配合的,它们形成了一个和谐互动的过程,然后才产生了知识。

然而,并不是关于蜂蜡的论证使笛卡尔跻身重要哲学家之列。更广为人知的是,他最先提出不可能知悉任何事物——这正是接下来我们要看到的。

怀疑主义简史

自从人类把自己发展、教化到了开始提问的地步,就一直有人认为我们永远不可能真正确切地知悉任何事物,这类讨嫌的人叫作"怀疑主义者"。**赫拉克利特**(Heraclitus,盛年约公元前 500 年)认为关于世界的看法是不确定的,因为世界一直在变。

这就是为什么你不可能两次踏进同一条河流。

克拉底鲁(Cratylus,盛年约公元前 400 年)更为激进。

不,你甚至一次都不可能踏进同一条河流!河流和你都太变动不居了,"同一条"和"你"这样的词语没有实际的意义。

克拉底鲁非常怀疑语词的作用,他觉得语词的意义在离开他的嘴巴到进入别人耳朵的时间里就已经变了,所以他不说话,只是摇动他的手指。

皮浪主义者

第一批杰出的怀疑主义者被称为"皮浪主义者",名字取自埃利斯的**皮浪**(Pyrrho of Elis,约公元前360—约前272)。他们是一些于公元前4世纪到公元前3世纪在柏拉图的学园里讲学的希腊人。怀疑主义者最著名的代言人是后来的罗马哲学家**塞克斯都·恩披里克**(Sextus Empiricus,盛年约公元200年),因为他发表了包含这一派主要观点和论证的代表作。这位皮浪主义者的主要观点是关于道德的。

最好不要去狂热地追求真理,因为那只会让你不幸福。

塞克斯都解释了皮浪主义的两个主要论点,它们说明了为什么真正的知识总是不可能的。

皮浪主义者的论点

所有表象都有欺骗性,因而也都是相对的。这意味着人们关于知识的看法会经常互相矛盾。不同的动物用不同的方式看待世界,没有理由认为以我们独有的人类的方式去观察世界就是"正确"的那个。更进一步说,人类观察到的世界也因人、因地而异。

一个人站在悬崖边眺望地平线上的一艘船时,会觉得船很小。

而当一个人站在甲板上的时候,会觉得船很大。

所以船是小是大?我们怎么能真正知道谁是对的?我们能确切知道的全部就是,我们很无知。

另一个论点要更复杂一些。如果我们想要认可某事物为**知识**，那我们必须要找到它的论据或确证，这个论据本身又需要某种确证，以此类推，没有尽头。

这个不可实现的、无穷无尽的确证链意味着，人类永远不可能拥有任何可确证或确定的知识。

怀疑主义者有一个很明显的问题就是，如果并不存在所谓知识，他们怎么能宣称知道"所有知识皆为虚幻"呢？那些坚称"没有信念就会更幸福"的皮浪主义者是在骗自己。设想这位怀疑主义者站在一座悬崖边，还朝地平线上的一艘小船挥着手时，如果他因为对体重、地心引力毫无信任，对危险的地方没有一点儿了解而坠落了，那么他也幸福不了多久。

塞克斯都和其他的怀疑主义者

塞克斯都·恩披里克是一名医生，如果他接触到现代医学，大概会大吃一惊。他很务实，也算是个另类的怀疑主义者。他认为医生应该遵循第一印象和既往经验的指导。

> 他们继而就可以对治疗做出感性的经验判断，不需要尝试追寻疾病背后隐藏的神秘机理。

不管怎样，皮浪主义者从来不怀疑现实世界是真实存在的。

> 人类知识是很有限的，唯有上帝神启可为卑微众生揭示真理。

中世纪教会神父**圣奥古斯丁**（St Augustine, 354—430）

> 人类需要保持谦卑，认识到自己能确知之物是极度有限的。

文艺复兴早期学者**伊拉斯谟**（Erasmus, 1466—1536）

> 我在自己的《为塞朋德辩护》一文中搜集了各式各样的怀疑主义的论断。

米歇尔·德·蒙田（Michel de Montaigne, 1533—1592）

但笛卡尔比上述诸人都更为激进。在他的《第一哲学沉思集》（1641年）中，他使用攻击性强烈得多的怀疑，彻底而坚决地考问一切——甚至考问数学的可靠性，考问现实世界的存在。

笛卡尔自 1639 年开始写作**《第一哲学沉思集》**。他已在荷兰独自生活近十年，正是这本书最终奠定了他的地位—— 17 世纪最具影响的哲学家。这本书是一本生动的日记，他的思想以六个沉思的形式呈现，每个沉思被设定为持续一天。

笛卡尔式怀疑

笛卡尔式的怀疑主义是如此独特,以至于经常被称为"笛卡尔式怀疑"。它也是成体系的,更像是一套"方法",而非宗教式虔诚宣言。

在给朋友的一封信里,笛卡尔这样解释他独特的怀疑方法:

设想某人有一些苹果想放进筐里。聪明人会确认所有苹果都是好的——因为如果有一个苹果坏了,那它最后会传染所有其他的苹果。所以,任何一个苹果,哪怕是有一丁点瑕疵也要坚决无情地算作不合格,并被扔掉。这就是"笛卡尔式怀疑"的做法。

你检查全部人类知识,看看它能否被怀疑。如果它是可质疑的,因此是"感染了的",那么必须毫不留情地视其为缺陷而摒弃之。

任何经此程序后最终留下来的知识的"苹果",显然是很特别的。它会是真正的——确定的、**无可置疑的**知识。

如何进行普遍怀疑

笛卡尔几乎立刻就意识到,系统性地怀疑人类知识的每一点滴是不太可能的。他需要把所有做过的科学实验都重复一遍,把所有演算过的数学公式都重新推演一遍,到世界上所有地区考察一遍,把所有有字的书都读一遍,等等。

为了解决这个问题,我扪心自问人类知识从何而来。我确定了知识只有两个来源:我们的感觉和我们的理性。

我们关于现实世界的认识来自我们的五种感觉,关于数学或逻辑之类的知识则来自我们的理性。于是,笛卡尔走了一条捷径,去拷问这些基础性的来源自身是否可以被怀疑。

眼见不一定为实

笛卡尔断言,以我们的感觉器官作为真正知识的来源经常是不可靠的。虽然他从不怀疑我们的确拥有感官经验,但我们没有办法确知是什么引发了这些经验。比如,你可能正行走于荒野,透过迷雾,你看到远处有个人。

你的感官欺骗了你。

问题在于,你没有可靠的途径去判断两种感觉里的哪一个才是"正确"的。笛卡尔并不想说我们的感官一直都完全不可靠。大致而言,我们的感官信息为我们提供了粗略的类似于外在现实的东西,否则人类作为一个种群应该存活不了多久。但是感官传递给我们的信息确实可以被质疑,所以必须从苹果筐里被取出。聪明人不会再相信骗过他的东西。源自感觉的知识是可疑的。

做梦

我们中的绝大多数人不会在沙漠里待很久去注视海市蜃楼,也不会总被视觉幻象搞到头晕目眩。如果你手中握着一支钢笔,在日光充足的"最佳条件"下端详它,那总能确定感官传递给你的信息是正确可靠的吧?你怎么会去质疑手中的确握着钢笔而不是其他的什么呢?笛卡尔针对感官证据的第二个论证,通常被称为"梦的论证"。

非常简单:你可能梦到了你是在拿着一支笔,实际上真实情况是,你正躺在床上睡觉,做了一个奇怪的拿着一支笔的梦。

比梦到拿到匕首可能

或许你觉得事实不像是这样,但你能证明这不是事实吗?笛卡尔认为做不到。没有一种明确的实验方法能够清晰无疑地显示在某一时刻你正经历的是哪一种精神状态。你就是无法**证明**你不是在做梦。所以,即使是切身的、咄咄逼人的体验也是可疑的,一定要从苹果筐中被取出。

理性主义者与理性

我们知道笛卡尔是一个理性主义哲学家,他相信可靠的知识必然来源于理性,而不是可疑的人类感官。所以他对感觉之可靠性的发难没什么可意外的。柏拉图(Plato,约前428—前347)在两千年前就已经有类似的观点。他也认为只有理性的头脑产出的知识才是可靠而稳定的。

不过我觉得我们对数学、几何和逻辑学总是有把握的,这样的知识是纯粹的、必然的。

二加二肯定等于四,也一直等于四,这种源自思考的知识或许无可置疑,因而就可以抵挡笛尔式怀疑的强大杀伤力了吧?

隐形恶魔

笛卡尔可不同意。即使是数学和逻辑学,最终也是可以怀疑的。他提醒,我们在研究数学时也少不了出错,所以怎么能知道我们不是一直都在算错呢?

我们可能以为数学是自我约束的、可以验算的,但是说不定就有个隐形恶魔持续不断地把我们催眠了,让我们以为自己在做的数学研究是对的呢?

于是,笛卡尔认为,也许有史以来人类的数学研究都是错的。发明这个不同寻常又相当奇怪的隐形恶魔,看起来像是笛卡尔在绝望的最后关头使出的令人生疑的圈套,但他的重点是,哪怕是从通过理性得到的"纯粹"的知识,也是可以怀疑的。

没有一个头脑清醒的人会接受这种奇怪的恶魔的存在，但是也没有人能证明它不存在。

这个隐形恶魔论证的现代版本，涉及一些让人惊恐的假设：持续受到电极刺激的缸中之脑，或者是始终被绑在VR设备上的人。如果你的感官始终受到电极的刺激，在你的头脑中产生了全套编制好的"经验"，或是让你相信古怪的数学原理，你又怎么会知道呢？

感官欺骗了我们吗?

笛卡尔的论证似乎很让人信服,但并非完全无懈可击。我们会知道感觉"骗"了我们,归根结底是因为感觉后来揭示了"事实"。我们最终知道自己一直在对着一根石柱而不是一个人说话,还是因为我们的眼睛看到了我们才知道。但这一点并不能使笛卡尔的论证失效。

感觉,还有因感觉而产生的信息,带给我们的都是有争议的内容,所以感觉可以怀疑。

尽管如此,这个论证还是比笛卡尔的要奇怪一些。你可以说欺骗我们的并不是感觉,而是我们对于感觉所提供的信息的解读。解读感觉信息的正是我们自己。眼睛透过迷雾看到的只是一个高高的、灰蒙蒙的形状,我们自己以为那是一个人。视觉并没有欺骗我们,是我们的解读错了。

我们是梦还是醒?

说我们不可能区分自己是梦还是醒,这真的成立吗?笛卡尔提出这个有关梦的论证有可能是真心的,他自己的梦经常就很逼真,他也很重视那些梦。但很多人会说,我们做梦的体验与清醒的体验截然不同。

梦毫无逻辑,超越时间和空间,打破物理的自然规律,身在其中而不由自主,等等。

或许的确没有**某一个**明确的测试能确定人在做梦,但是可能存在一个替代性的检查清单,囊括那些很有效的标记。

有些哲学家说当人真的睡着的时候，就不可能怀疑自己是不是在睡觉，所以笛卡尔的论证有漏洞。也有别的哲学家和心理学家不同意——他们觉得人在梦里也会怀疑。

不过，点明我们永远不能完全绝对地肯定自己是清醒的，这就可以作为我的回应。有那么一个怀疑的瑕疵，它就是无法抹去。

隐形恶魔是什么？

那么，"隐形恶魔"是什么呢？笛卡尔在这里的确像是为了提出一个怀疑论论证而竭尽全力了。或许我们总是处于幻觉中，我们的感觉总是被一个邪恶的（且极度繁忙的）隐形恶魔玩弄着。但是我们真能正经地相信"我们的"数学从根上就是错的？如果二加二"真的"等于五或者三，而不是等于四，它怎么还能是数学呢？这个挑战理性知识的论证看起来不怎么可信。

私人语言之不可能

笛卡尔式的**普遍怀疑**还有一点非常奇怪,他总是设想他的想法完全是私人的,独立于世界。

如果你在狼群环绕、风暴肆虐时被困在一间小屋里,与世隔绝这件事并不难。对我来说,知识是个体的私人财产。

但他在**用什么**思考呢?他的思想是用法语或者拉丁语的词语书写的。这些词是语言的组成部分,语言有一套语法规则和惯常的意义,它们也是整个错综复杂的历史及其背后的文化的一部分。不论语言的历史,还是文化的历史,都无可怀疑。

在个体的怀疑的头脑里，产生个人的怀疑主义的念头，这件事比看上去难多了。笛卡尔还认为他能够区分自己的精神状态，比如"知道""怀疑""确定"等。这么说来任何宣称是绝对的怀疑主义者的哲学家事实上都有一点点欺骗。笛卡尔早就道出了真相。

我处理的仅仅是那种极端的怀疑，形而上学意义上的、被放大的怀疑。

他一直承认自己在玩的是一种非常特殊的哲学游戏——仅仅是暂时搁置自己的信念。于是通过对一些信念不置可否，他实际上坚持了另一些更复杂的信念：暂时的怀疑主义为什么是必需的？

回到苹果筐的比喻

尽管如此,哪怕只有一瞬间,笛卡尔差不多说服了我们:知识这个苹果筐里必须是空的。我们的全部知识,大概从源头就被污染了。可能不一定是这样,但我们也不能保证不是这样。全都知识都是可以被怀疑的。我们的感觉可能在欺骗我们,我们可能在梦里,或者一个隐形的恶魔可能在愚弄我们。正是几种论证的效果叠加,才最终这么强大,这么有说服力。

而且如果笛卡尔是个真正的怀疑主义者,他的哲学到这里就可以结束了,他就可以回他的花园种他的菜了。可他并不是一个真正的怀疑主义者。还剩下一个非常特殊的苹果,独享特权,留在筐中。

最后一个苹果：我思故我在

经过如此一番缜密的怀疑，笛卡尔最终发现了一些非同寻常的东西。他意识到，总有一件事是他永远不能怀疑的——就是他正在怀疑（或者说思考）的这个事实。思考不可能凭空出现，必须有一个意识或思维在思考，于是笛卡尔也就不能质疑他的存在。这就是著名的 Cogito ergo Sum——"**我思故我在**"，或者也许更确切地说：有思想，所以一定有思维。

即使我可以假装自己没有身体，也没有什么世界……我也全然不能假装我自己不存在，单纯从我想到去怀疑其他事物的真实性这个事实，已经让我意识到这一点。

于是，只要你尝试去怀疑——"我思"（Cogito），你就确认了它。这真是意料之外、情理之中。这个事实不依赖感觉，甚至更为不寻常的是，它也能够不受隐形恶魔注意。

就算是他也不能让我们怀疑自己在怀疑。怀疑是一种很特殊的思考。

比如说，我们可能会被恶魔催眠，让我们以为自己有腿，正在走动，但关于"怀疑"我们可不会受骗。最终，笛卡尔有了一个完全无可置疑的苹果，被放回了筐中。

什么是"Cogito"？

"Cogito"是一个卓越的发现，也是笛卡尔全部体系的第一原则。它影响了现代哲学的各分支，也波及文学、艺术、社会科学和宗教。**让-保罗·萨特**（Jean-Paul Sartre，1905—1980）从它出发构建了自己的存在主义。"Cogito"引发的争论和问题让诸多哲学家皓首穷经。严格来讲到底什么是"Cogito"，仍然不是十分清楚。

很肯定，它没有笛卡尔以为的那么"清晰分明"。

因为我们是不是像他说的那样直接意识到自身，这一点并不清楚。

有些哲学家相信"Cogito"是关于人类和宇宙的一个真正、切实的发现（一个"综合"命题）。

另外一些哲学家说它仅仅是一个表达,用来厘清概念的意义和概念间的相关性,比如"思想"和"存在"(只是一个"分析"命题)。

Cogito 成了西方哲学史上最重大的发现之一,它或许也标志着经院哲学的终结、现代哲学的开端。它还开启了一个哲学分支——现在叫作心灵哲学,对此我们在本书后半部分还会详细介绍。

Cogito 的死胡同

尽管 Cogito 是非常确定的,可它就像个死胡同。假设你在怀疑或思考,在当下那一刻你可以保证你的思维是存在的,或者说肯定你是有意识的,但是这种短暂的、私人的知识用处很有限。

我自己心里一直也明白,我的根本性的怀疑体系只是一个开端。

Cogito 是独一无二的创见,但并不是笛卡尔哲学工作的最终目标。他更具野心——想要在他自己私人的主观意识之外也找到确定性。他想要为**全部**人类知识重新打造根基和体系。

公共知识

知识必须是**公共的**，才能在书本报章里读到、在图书馆找到。科学知识应是可重复、可检验、可讨论的，这是科学的命根子，否则就无异于个体头脑里那些私下的个人信念。笛卡尔把 Cogito 那种受到约束的确定性比喻成"总能成功落地的杂技演员"。

> 过程总很缓慢又限制重重。可以让我们像相信自己的存在那样坚信不疑的真理，该怎么做才能找到它们呢？

清楚分明原则

因此笛卡尔需要把对 Cogito 的私人、临时的知识转化为更为公共和永久的内容。他觉察如果他可以发掘是什么让 Cogito 如此确定,那他应该就可以揭示一种通用的原则,为其他的知识也提供类似的确定性保障。他尝试用这样的论证来制定这一原则:

"我存在"是无可置疑的。

我清楚分明地感知到"我存在"是真实的。

因此我清楚分明地感知到的任何东西都是真实的。

"清楚分明"原则是《谈谈方法》中的第一条,是一种预先声明。现在,在《第一哲学沉思集》中,它成了一个强有力的发掘工具,笛卡尔相信它能帮助自己越过有限的、私人的确定性,到达更广泛、更灵活的关于其他知识的确定性。

清楚分明原则的问题

笛卡尔和许多17世纪哲学家们共享着一个观点,认为我们在头脑中思考观念就像在观看一种脑海中的电影银幕。观念进入我们的头脑,就该像物体闯进眼帘一样,清楚又迅速地让我们观察到。但是笛卡尔关于"清楚分明"原则的解释本身并不很清晰。在它是什么、它有多重要或多可靠的问题上,他好像都改过主意。在《谈谈方法》中,他提示"关于何为分明还有一些困难",而在其后的《第一哲学沉思集》中,他却坚称"我们不可能在这里犯错误"。"清楚"和"分明"是相对的术语,对你来说清楚和分明的东西对我而言可能非常模糊。

假设某人对独角兽有一个清楚分明的观念,这并不就对独角兽存在的真实性有了任何切实的保证。

没什么能阻止隐形恶魔,把令人叹为观止地清晰的观念置入我们的脑海,用以愚弄我们。

这就是为什么笛卡尔需要引入上帝。

上帝的必要性

在笛卡尔可以依靠"清楚分明原则"之前,他需要解除恶魔的威胁。最好的方法就是引入上帝,他永远不会欺骗我们,永远保证进入我们头脑中的所有清楚分明的观念都是真的。因此笛卡尔必须着手证明上帝存在。他首先宣称自己头脑中已经有一个关于上帝的清楚分明的观念,这个上帝是通常的、传统的、神学意义的上帝,一个完美、无限、不可改变、永恒的存在。

标记论证

笛卡尔的论证常被称为"标记"论证。一个工匠在制作产品时,常常把自己的标记印在上面。

上帝创造我们时,在我们的头脑中印上了关于他自己的天赋的观念。

笛卡尔认为人类与生俱来就有一些天赋观念奇怪地混合在一起,包括那些关于数学、灵魂和上帝存在的观念。然后他靠一个古老而奇怪的经院主义"充分原因律"来加强自己的主张。这一定律依赖于一套信念。

上帝可能存在，但不是因为充分原因律。头脑中的观念为"真"的方式，大大区分于物体或存在为"真"的方式——即使是神圣的存在。看起来某些古老的经院主义教条，对笛卡尔来说还是太难断然舍弃了。他是一位伟大的独具创造力的思想家，但是，就像我们所有人一样，他也还是自己时代的产物。

笛卡尔式循环

但更严重的是,笛卡尔的论证现在是作为"笛卡尔式循环"而臭名昭著。笛卡尔把他希望证明的东西作为他的前提之一。你不能用一个讲述真理的神来保证清楚分明原则——如果你已经宣称自己知道他存在,正是因为头脑中有一个关于他的清楚分明的观念。笛卡尔需要上帝来保证他的原则,又需要用原则来保证上帝存在。

本体论论证

对另一个传统经院哲学的上帝存在论证,即所谓的"本体论"论证,笛卡尔也给出了自己的改造版本。神学家**安瑟伦**(St Anselm,约 1033—1109)经常被认为是这一论证的发明者。这个论证是这样的:

1. 上帝是完美的存在。

2. 绝对的完美一定包含存在。
因为观念比存在的事物低一级——记得吗?然后如果上帝是完美的,他就不可能只是一个低级的**观念**,不是吗?

3. 所以上帝存在。

安瑟伦

笛卡尔的本体论论证有少许不同。他关于上帝的清楚分明的观念是来自一个绝对完美的存在,所以上帝必须是绝对完美的,依次类推。

一系列有漏洞的证据

上帝存在的本体论证明并不十分令人信服。尝试通过给上帝下定义,变戏法儿似的让上帝存在,就好像语言真的具有使观念成真的力量似的。

笛卡尔想让我们接受的是我们关于外部世界的知识有瑕疵,甚至是幻觉。然而,与此同时,他想让我们接受所有清楚分明的观念都是真的,这些观念会得到神的保证,但这个神的存在正是他之后尝试用一系列有漏洞的"证据"去论证的。笛卡尔遭遇的是所有理性主义哲学家们都会遇到的根本性问题。

笛卡尔的解决办法是,上帝创造了关于我们和世界的永恒真理,基于此,如果我们能清楚分明地察觉它们,那它们就是得到保证的。

犯错

笛卡尔的另一个危机是，如果上帝保证了清楚分明的观念，为什么意识清醒的人们仍旧会犯错呢？这取决于你如何看待人类的潜能。有些哲学家，例如**斯宾诺莎**（Benedictus de Spinoza，1632—1677），相信人类才能的容量几乎是无限的。

假以时日，人类心智会成长、成熟，直到几乎不会犯错，可以纵观"全局"。

我更悲观一些。对我而言，人类的心智一直是有限的、可能犯错的。只有上帝才能拥有这种无限的心智。

理智 VS 意志

关于为什么人类心智一直都只会有有限的能力,笛卡尔有自己的理论。

我们运用了理智与意志这两种能力之后,才对事物形成信念,或做出判断。我们的心智可能决定了三角形的所有内角之和是 180 度,但之后我们需要选择是否相信它真的是这样。如果我们总是**选择**清楚分明的理念,那么,根据笛卡尔所说,我们就不会犯错误。

问题在于我们经常选择相信糊里糊涂的、不清楚的观念。我们的意志总是比我们理智要更有影响力。

我们做选择的自由本身是无限的,也是一份来自上帝的礼物——在很大程度上,正是它使我们成为人。

但这种自由意志的放任的力量也正是使我们常常灾难性地犯下错误的原因。作为人类,我们倾向于运用自己的选择自由,大大超出了理解力能达到的清楚分明观念的界限。出于某些原因,上帝给我们的自由是完全的,理解力却是有限的。

我们唯一的补救办法就是抑制自己的意志,规避多余的判断,将知识的主张限制在清楚分明的观念上。

有了这个解释,笛卡尔就能够捍卫他由神性保证的清楚分明观念的信条,同时说明为什么人类一直会犯错。

信念是廉价的

整体来说笛卡尔没能为人类的错误提供一个合理的解释。认为我们会持续不断地相信自己不理解的事情，这看起来太奇怪了。如果我们不懂得量子理论，我们怎么能相信它？笛卡尔的回答是"懂得"意味着"完全明白"。我们可能自认为我们懂得一些，其实我们不完全明白。信念是很廉价的。真正明白的，比我们**以为的**要少很多。

对大多数人来说，吸烟引发肺癌是清楚分明的，但烟草还是卖得出去。

信念与信仰

当我们意识到"2+2=4",那么根据笛卡尔所言,我们察觉这个清楚分明的数学理念,然后选择相信它,或者对它做了一个"判断"。但是当我们"察觉""2+2=4"时,我们到底是在脑海中持有一个观念,还是对那个观念做了某种决定,区分并不明显。如果我们在脑海中持有清楚分明的观念,那么,我们已经对它们的状态做了一种决定。笛卡尔把选择和相信联系在一起的方式,有点儿奇怪。

如果有人说"我选择相信它",言下之意是他们可以选择不相信。然而信念通常不是这样的。我们没有很多余地。

信念更多是关于理性的。我们选择相信是因为可信的证据,而不是意志力的结果。

笛卡尔好像混淆了信念与信仰。

好的赌注

信念和信仰的混淆是笛卡尔的一个常见问题。信念与理性和证据有关。信仰不算是一种信念,而更像是一种意志驱动的行动。比如,如果你认为上帝存在是可以证明的,那你不需要对他保有信仰。但是教会常常坚决要求教徒们既有信念,也有信仰。法国思想家**布莱士·帕斯卡**(Blaise Pascal,1623—1662)有个很出名的提议就是,选择相信上帝是合理的,这被称为"帕斯卡的赌注"。

即使上帝存在的证据很薄弱,明智的赌徒也愿意选择相信上帝,因为这么做是好的赌注。

如果我押错了,好吧,终须一死。如果我押对了,那等着我的就是永生的极乐。

但这场赌博是有关信念,还是信仰的例子呢?

在《**第一哲学沉思集**》的第四个沉思里,笛卡尔认为他制定了确立真理的原则,证明了上帝的存在,论证了他自己的意识和他的存在是事实,解释了人类为何会犯错,表明了上帝是我们头脑中确定而特殊的观念的保证者。我们从理性和智力那里获得的知识,由笛卡尔恢复了地位。

荷兰的宁静生活

笛卡尔在写作他的哲学著作时,需要彻底的平和与安静。某些人总试图把他扯进各种各样的宗教争论中,这也让他极度厌倦。出于这些恰当的理由,他不喜欢太多人知道自己在荷兰的地址。他搬了好几次家,所有信件都转寄到朋友梅尔森(Mersenne)的家里。

有一个人成功追踪到了笛卡尔，他姓德·索比埃（de Sorbiere），他四处追捧知名的知识分子，为此花了很多时间游历欧洲。他不打招呼就到了笛卡尔的隐居之所，却也得到了相应的礼遇。他这样描述笛卡尔的生活：

他住在一所修缮良好的小别墅里，离大海约两小时路程。他的仆从不少……别墅有一个漂亮的花园，后面还有一个果园；高高低低的尖塔矗立在周围的牧场上，一直到地平线远处，变成了零星的小点。经由运河，他一天之内就能到达乌特勒支、鹿特丹、哈勒姆或阿姆斯特丹。

从中年开始,笛卡尔戴起了在巴黎定制的假发,去世时他一共有四顶假发。他穿衣服风格简洁,常穿黑色。只要离开家,无论远近他都佩剑。作为一个绅士,他过着非常简单的生活。

以根茎植物和水果为食能延年益寿,因此我极少吃肉。

他最爱的菜肴是煎蛋,他一直要求用十天以上的老鸡蛋来做。

尽管天天去锻炼,他还是每天至少在床上待十二个小时,他的大部分思考和一部分写作都在床上完成。

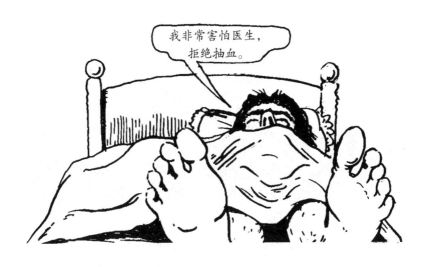

他把自己的身体看作一部制作精良的机器,只要经过常规锻炼,自然而然就可以以最佳状态工作。

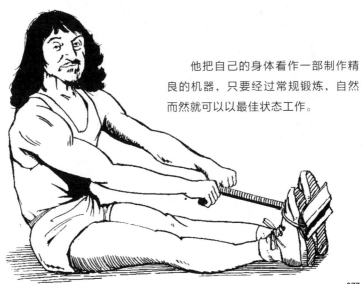

笛卡尔有几个仆人。他总是对仆人们非常慷慨，有时候对陌生人也是。有一天，一位叫伦勃朗茨（Rembrantsz）的贫困的农村鞋匠来到笛卡尔在恩德海斯特（Endegeest）的大房子前，请求见见这位著名的哲学家。仆人们把他打发走了两次，没有告诉主人。笛卡尔知道这个人之后，同他进行了长时间的哲学讨论。

笛卡尔有写信强迫症。他每天傍晚要写好几封信，每两星期写一封长信，都交给自己的童年好友梅尔森。他通信的人有知名的，有不知名的，来自许多不同的国家。他坚持认为散文的风格不论何时都应当简单、清晰、直接。他支持普及读写能力，认为单词的拼写应该反映发音。

笛卡尔多次表达出自己对一种通用的语言感兴趣。

可能最好的是向着这个目标改造拉丁语，而不是从头发明一种新的语言。

他还认为发明一种特殊的哲学语言会是一个好主意，可以让人们一直清晰地思考。

对知觉的沉思

在第五和第六个沉思中,笛卡尔继而追问是否可能重新采纳我们通过知觉获得的那些知识。他认为,对于数学观念我们现在可以确定了,但是我们从自己的头脑之外,从外部世界能获得什么样的知识呢?这是笛卡尔和所有理性主义哲学家都面临的一个问题。

关于三角和三角的属性,你可以拥有很多清楚分明的观念,但你何曾知道这世界是不是确实存在三角形呢?

清楚分明的观念是"决定性"的——它们描述了事物的"核心",但并不能让我们知道是不是真的有机会见到那些事物。

笛卡尔相当愉快地承认我们的确拥有感官经验,但坚持认为我们并非直接地拥有这些经验。他是一个"表象实在论者",相信我们仅仅通过内在的精神图景或观念间接地感知世界。

我们可以肯定头脑中正在体验着某些事情,但是什么引起了那些事情就不确定了。

飘浮的思绪

然而,如果上帝是善的,为什么他会赋予我们如此既非直接又不可靠的感觉呢?笛卡尔对此的回答是什么?

再次引入上帝

笛卡尔的回答算是一种折中,而且第二次诉诸上帝的善。他很确定,进入我们头脑中的有关物质客体的清楚分明的观念,一定至少反映了外部现实的某些形式。如果我们有世界上某个物体的清楚分明的观念,那么上帝就会保证这些观念对应于确确实实"外在"的什么东西。然而我们唯一能确定的清楚分明的观念,就是数学观念。

关于物体的可量化的属性,我们能拥有确实的知识,比如他们的"广延"(长度、宽度、高度)、大小、形状、数量、位置、移动等等;但关于其他属性的知识,比如气味和颜色,则是不可能的。

世上的物体可能并不严格对应于我们对它们的感官印象。所以这算是折中。上帝仅仅在有些时候误导我们。

数学的确定性

这一点是笛卡尔在研究那块蜂蜡的时候谈到的。冷的时候,它看起来很硬,甚至还能敲出声响。热的时候,它变成了液体,也敲不出声响了。因为它是一个"物体",笛卡尔能确定它是"有广延的"——即使它是一个变化多端的三维的物体。

只有头脑才能一直感知它真实的数学的本性。

这看起来是个奇怪的念头——我们知道蜂蜡是什么,纯粹只运用了独立于自身感觉之外的头脑。尽管如此,他的观点可能是个很好的科学观点。事物暗含的数学结构为我们提供了有关它的真正的事实。真正的知识一定是数学的——是稳定的、不变的——这个念头对于笛卡尔来说并不新鲜,正如我们接下来要看到的。

古希腊的数学

古希腊人最早发现数字似乎有它们自己的奇特的生命力。**毕达哥拉斯**（Pythagoras，约公元前 550—约前 500）对此印象深刻，他甚至觉得数字应该得到膜拜。

可见的世界不过是一种幻觉，掩盖了事物真正的数学的实在。

$a^2+b^2=c^2$

数学独立于人类存在，存在于洪荒初创之先。

有一群"柏拉图主义"的数学家倾向于认同柏拉图的观点，认为数学"预先存在"并且是宇宙的真实结构。

宇宙是数学的吗？

数字 II 持续出现在各种各样的实际数学问题中，好像暗示了数学是以某种方式嵌入物质世界的。

向日葵和松塔遵循斐波那契数列（1，2，3，5，8，13，21，34 等）。

还有即使看上去是随机而混沌的事物，比如云层，也遵循分形几何学的规律。数学好像是无处不在的。

数学家笛卡尔

笛卡尔作为一个数学家，同他作为一个哲学家一样出名。他以自己的名字命名了"笛卡尔坐标系"，并提出了一系列现在数学家们公认的规则，比如用字母 x,y,z 表示未知项，字母 a,b,c 表示已知项。他发明了用角标表示平方和立方的现代做法（比如 4^2）。他极大地推进了解析几何的研究，使得求解几何问题整体上变得简单。在《**几何学**》中，笛卡尔展示了如何用代数辨认许多几何学的典型题目，并把许多相关项联系在一起。部分由于他在此领域的成功，他开始相信全部人类知识最终都可以被数学化。

这让我意识到一定存在着一种基础科学……这种科学应该被称作"普遍数学"。

数学之严密

在笛卡尔三个著名的梦的最后,他相信自己指出了如何用数学这唯一的"方法"令全部科学成为一体。数学,尤其是几何学,以其确定性和推论之严密给笛卡尔留下了深刻的印象。如果你接受少量"不证自明"的公理,比如"平行线永远不相交""两点之间直线最短",那么就有可能从微小的开端推演出一整套丰富可靠的知识。笛卡尔显然觉得从他的公理"物质是有广延的实体"出发也可以获得相似的大量的知识。

然而什么是数学?

所以数学看起来的确是通用的。这就是为什么,如果我们想联系其他星系的生命体,播送数学信息比播送语言信息要更有用。

太空深处的他们不会讲英语,但是我们的确推测他们用的数学就是我们的数学。

但是你确定数学真的是全宇宙通用的吗?

没有人确切地知道数学到底是什么,一些数学家自己也不是很确定。数学到底是我们发明的东西还是我们发现的东西,并不是很清楚。

数学相对主义

确信一种唯一的通用数学的观点，遭到了晚近的发明（或发现！）的挑战，这是一种合理而又成功的"另类的几何学"。在它之前，所有人都认为欧几里得（Euclid，盛年约在公元前 300 年）已经发现宇宙中蕴藏的唯一真实的几何学。现在看起来，更合理的假定是欧氏几何并非无处不在。它可能就是一种本土化的人类研究方法，正好于我们而言是合适的而已。

或许就只是人类的大脑"适配"我们的这种数学。

而且它目前是我们可以理解周遭环境的唯一的方法。

形式主义者

这种相对主义或"形式主义"的观点表明,数学只不过是一种人类发明,一个封闭又"空白"的推论系统,从一系列初始的自明的公理中产生。形式主义者宣称数学并不为我们揭示宇宙奥秘,而是很像象棋——一种自我规约、连贯一致的游戏。

这意味着数学可以为真理提供优雅而复杂的"模型",但永远不会是真理本身。

因为数学是一个"封闭"的系统,很难看出它怎么能为我们提供它自身以外的任何"新"知识。对形式主义者来说,数学只可能成立或不成立,像"真"或"假"这样的词就不适用。

成功故事

笛卡尔本人是一位虔诚的柏拉图主义者。他觉得理性可以发现科学真理——他的信心基于对数学的信仰。他似乎相信人类所有的问题最终都可以被数学化。在某种程度上,他的观点已经成了现实。

在我的时代,是数学的应用使得商业、会计学、天文学、光学和航海知识如此成功。

在我们的时代,诸如核物理学、天文物理学、化学、遗传学、生态学、经济学、语言学和计算机科学之类的理论科学,没有数学根本不会存在。

在20世纪的最后几年,科学家希望并相信他们可以发现所有理论最后的强大的统一性——万有理论(或T.O.E)——统一引力、电磁力、弱力和强力(在原子核中把中子和质子结合在一起)。

被数学化的人类

许多数学家仍旧是坚定的笛卡尔主义者。作为被数学化的人类,我们相信宇宙是数学化地组织并规范起来的。而且,至少目前对于我们来说,它的确看上去就是那样的。当我们研究非常微小的核微粒时,或是研究非常遥远的黑洞时,数学似乎都以其清晰的、具预测性的力量在描述、解释这些神奇的现象。

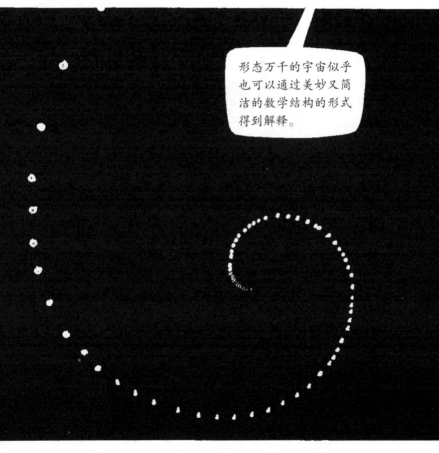

形态万千的宇宙似乎也可以通过美妙又简洁的数学结构的形式得到解释。

甚至更出人意料的是,科学家们持续发现,早先发明的"形式主义"的数学总在后来有了实际的"柏拉图式的"应用。

被数学化的一切

没有人确切知道到底"我们的"数学提供给我们的,是只能大致地模拟宇宙的样子的有用模型,还是说它告诉我们的就是全部真理,全无遗漏。笛卡尔的梦使得现代科学成为可能,并以他永远不会想象到的方式起着作用。

但是对万事万物的数学化或许既不可能,也不值得。

许多现代科学家可能也会强调,科学在很大程度上还是经验的。

盲目信仰数学推论模型的力量，当然会使笛卡尔在自然科学领域得出一些非常古怪的结论。

数学在诸如心理学、社会学之类的人文科学上能起到一小部分作用，然而直到现在，人类的情感、行为、文化、历史和文明自身，似乎还远不是数学方程式能够领会的。（尽管有些哲学家和数学家相信，某一天可能出现能够成功处理这些的更新、更灵活的"软数学"问题。）

广延实体

笛卡尔继承了毕达哥拉斯主义者和柏拉图主义者的理念,认为可见的世界不过是一种幻觉,隐藏了物体的数学事实。

所以笛卡尔的观点也没什么新鲜的,即我们能拥有的知识仅仅是针对数学上确定的具有广延的物体(物体在空间上占据的长、宽、高)。

像硬度和颜色这种属性是相对的、不可测量的,是主观的感觉,由物体作用在人脑中产生,但并不切实地出现在物体上。所以物体既拥有可靠的"第一性质",又拥有更具偶然性和迷惑性的"第二性质"。

对笛卡尔而言，宇宙已经由数学信息编码，该由数学家们去发现。

这种数学观鼓舞着笛卡尔把宇宙描绘成一个巨大的、奇怪的、占据空间的事物。他这一幅理智又抽象的世界图景灰暗又无趣——好像宇宙万物沦落成了一锅全部同质的、灰暗的、"有广延的"粥。

所以，对笛卡尔而言，存在的万物实际上就是具有广延的物体——可以被人脑用数学测量、确定地理解的物质。笛卡尔对人体的看法也遵循这一点。

人体就是一种智慧机器，可以被简化到同世界其他万物一样的物理学基础上。

他觉得我们所有无意识的身体机能都明显是这样的，比如呼吸和眨眼。这个观点促使他有了一个非凡又惊悚的信念，动物是无意识的，所以动物被活体解剖的时候发出的声音，不过就和机器被拆卸的时候会发出的声响一样。痛苦的尖叫仅仅是机械化的噪声！

这算是笛卡尔的智识活动中令人毛骨悚然的一面。他将全部动物与人体统统视为移动的机器,因而享受肢解它们的乐趣,好看看它们是如何"工作"的。他肯定吓到了阿姆斯特丹的一些屠夫。笛卡尔每天拜访他们的肉铺,把各种动物的大块肢体买回家解剖。

他还养了一条宠物狗,名叫"格莱特先生",万幸它在笛卡尔手中毫发未伤。

出于对机器人的兴趣，笛卡尔做过一个年轻女孩子模样的机器人，可以发出一些类似人的声音，四肢可以动。他把这个精巧的设备打包装在盒子里，带着它登船。不巧，船长对盒子很好奇，觉得笛卡尔可能是个人贩子。

船长把机器人扔向船外，确信那个可怕的物件一定是恶魔的作品。笛卡尔很不开心。此类故事持续发生……

精神实体

有一样东西无法融入笛卡尔的物理主义图景,那就是人类,或精神实体(res cogitans)——"思想的实体"。笛卡尔使用的仍是"实体"和"本质"这样的经院哲学的概念。一个"实体"是独有的、不依赖于其他而存在的东西。一个东西的"本质"是使它属于其类别的元素。

一个三角形,如果要加入叫作"三角形"的这一类,就必须有三条边。

它可以有其他"偶然"的属性,比如大小。但那不是使它成为一个三角形的"本质"的属性。而思考就是心灵的属性。

笛卡尔式的二元论

笛卡尔提出,人由两种实体组成。人具备意识的心灵,也具备物理的身体。所以世界上有两种实体——心灵和物质。

物理世界由单一的实体组成。但是每个人的心灵都是独一无二的,所以每个心灵都是一个单独的实体。

这种"笛卡尔式的二元论"是笛卡尔哲学的根本。这对西方世界所有人来说听起来很熟悉,因为基督教教义中宣称,所有人都有"灵魂"。笛卡尔终其一生都是天主教徒,也认为自己能够给灵魂的教义以哲学上的体面,而且即使是没有强烈宗教信仰的人,也很喜欢这种心理上、情感上的人类组成图景。我们大多数人愿意认为自己的头脑是不朽的。

二元论论证

笛卡尔对灵魂的看法并不完全是正统的基督教。他把"心灵"、"灵魂"和"智力"这样的词混在一起用,它们都指的是同一个东西,即使它们的含义大相径庭。("灵魂"这个词对 17 世纪的思想者来说并不一定意味着某种不朽的实体,尽管笛卡尔本人的确是这样看待它的。)在第二个沉思中,他尝试证明的命题是心灵或灵魂全然不同于身体。("物体"这个词在笛卡尔那里意味着任何占据空间的物理的东西,所以人的身体也是一种"物体"!)他的论证是这样进行的:

> 我存在是无疑的(不可以被怀疑)。
>
> 我有一个身体是可疑的(可以被怀疑)。
>
> 所以,我的存在不取决于我的身体。
>
> 所以,我不在思考时就不能确定我存在。
>
> 所以,我的存在取决于我的思考。
>
> 因此,我是,从本质上来说,一个思考的东西,或一个灵魂、一个心灵、一个具有理智的东西。

思考着的存在

定义人类的是他们在思考,不是他们拥有物理的存在。

> 从这里我知道了我是一个实体,其全部本质或本性仅仅是去思考,其存在不需要任何空间,不依赖任何物质……由此这个"我"就完全同身体区分开来。

这是一个复杂的论证，得出的是惊人的结论。其中一个是，我们的存在完全取决于我们是有意识的。一旦我们停止思考，我们就消失了！

如果心灵要存在，那么它就得持续不停地思考——即使在睡梦中，即使在幼年时。

另一个结论是，我们的心灵和灵魂，在我们死后仍然存在。

所以笛卡尔的二元论加强了传统的基督教理念，认为我们真正的自我以某种方式独立于我们物质的身体。

笛卡尔二元论的问题

它很让人舒心，但并不合逻辑。单纯因为我们不能怀疑我们在思考，却能够怀疑我们有身体，并不能证明我们独立于自己的身体而存在。笛卡尔在暗示，如果一件事能够被怀疑，那么与其假定它是不确定的，不如假定它就是假的。

这就像说因为我可以怀疑其他星球是否有生命，所以就该假定它们没有生命。他在用怀疑的行为充当一种证明。

另一个论证

之后在第六个沉思中,笛卡尔使用了另一个论证来证明人类由两种实体组成。他再次用到了他的"清楚分明原则"。

这不是个让人印象深刻的论证——又是这样,有一部分是因为这个"原则"自己内在的弱点和含混不清。

人类和语言

笛卡尔同时认为他的二元论学说有一些经验上的证据。人类通过使用语言的方式表明自己的独特性。人类不像是程序化的言语机器。

人们常常以多种出其不意的方式,在语词上对不同的情境给出千差万别的回应。动物不是这样的。动物没有意识,所以它们的行为和语言是可重复的、机械化的。

如果你教一只鹦鹉看见女主人走近就说日安……这会成为求食的表达方式……但是如此限定词语的使用,是人类特有的。

如今我们可能会说,人类语言之精巧与灵活是"不依赖于刺激的",是得益于复杂的进化史造就出的人脑构造的直接结果。但对笛卡尔而言,人类语言应答的巨大的灵活性,仍是一个会思考的不朽灵魂存在的又一证明。

大脑还是心灵?

那么,他是正确的吗?我们有不朽的灵魂吗?对笛卡尔来说,意识和思考是清楚且迅即的,就好像我们的心灵总是透明的,可以公开检验的。但意识和思考是否是与身体无关的过程,这一点并不完全清楚。大多数哲学家和神经科学家现在会说,需要物理的大脑,意识和思考过程才能发生。

的确,对头脑中正在进行的个人思考,我们能即时掌握。

但这并不意味着这些思考"背后"不存在正在进行的物理的、化学的、电子的过程,它们是思考发生的前提。

实际上完成了思考的那个东西,很可能是一个物质的东西——大脑。

脑损伤的后果

给遭受过脑损伤的病人做实验的神经学家们,丝毫不怀疑思考的心灵是一种物理现象。

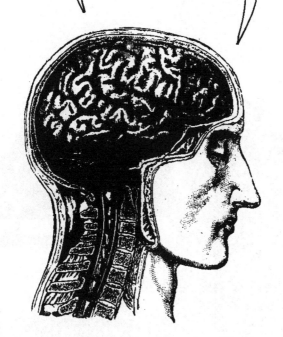

大脑言语区受到损伤的人群,常常会患上失语症。

失语症失去的,恰好就是进行笛卡尔宣称的那种不源于身体的思维活动的能力。

这意味着损伤我们的大脑,常常也极大地削弱了我们的精神活动。如果身体停止存在,思维也会停止。笛卡尔不同意这一点。他坚持认为在物理的身体和大脑消失之后,心灵仍保有抽象的概念性的思维。这听上去算是一种相当沉闷的来生。

身心交感

笛卡尔二元论的另一个明显的问题是身心交感。如果人体由两种截然区分的实体构成,那么它们就不可能互相影响。但很明显的是,一个精神事件,比如选择,可以引发一个物理事件:你想要一块蛋糕,所以你的胳膊就伸出去拿了一块。一个物理事件也会引起一个精神事件:我的身体感觉到针刺进胳膊的痛,然后在头脑中留下了强烈的印象。

然而如果心灵是一个全然非物理的"灵魂",它如何引发身体进行特定的活动呢?

思维如何"推动"物理事件?物理事件(比如身体经历疼痛)又如何影响心灵?如果心灵是没有广延的(不像身体那样存在于时间或空间中),这样的交感又在哪里发生呢?

笛卡尔最后明智地放弃了这个问题，但在一开始他的确尝试去解释，与灵魂相似的心灵同物质的身体到底是如何交互的。

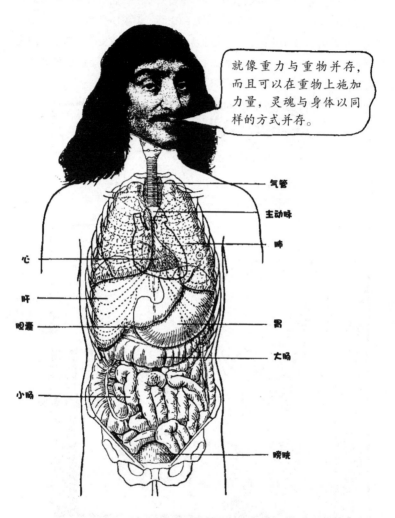

就像重力与重物并存，而且可以在重物上施加力量，灵魂与身体以同样的方式并存。

气管
主动脉
肺
心
肝
胆囊
胃
大肠
小肠
膀胱

他认为这解释了为什么我们很快、很强烈地就能感觉到手上被划了一个口子的痛。人类的疼痛不是以一种冷淡的智识的方式被感知，不像船长感知到船的甲板上有一道口子那样。

但如若灵魂或心灵是没有广延的,不在时间或空间内存在,那么这种并存的观点也必然是不正确的。笛卡尔最终认为大脑中必定存在一个地方,在那里身心交互得以发生。

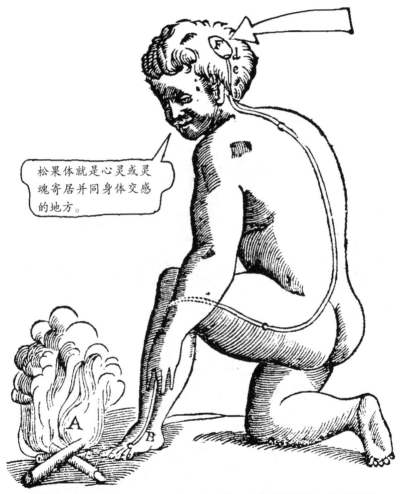

松果体就是心灵或灵魂寄居并同身体交感的地方。

但即使那是真的——确定了精神和生理的交互在哪里发生,也不能解释它是如何发生的。

看见和听见世界

尽管笛卡尔常常犯二元论错误,他准备好了用特定方法来让它过关。在他考察特定的精神体验时,身心交互问题显得格外明显。比如看和听,首先就要依赖外部世界的存在。笛卡尔想象灵魂就像是一个缩小的人,或者一个"小矮人",以一种类似于观看内部屏幕的内在过程经历这个世界。

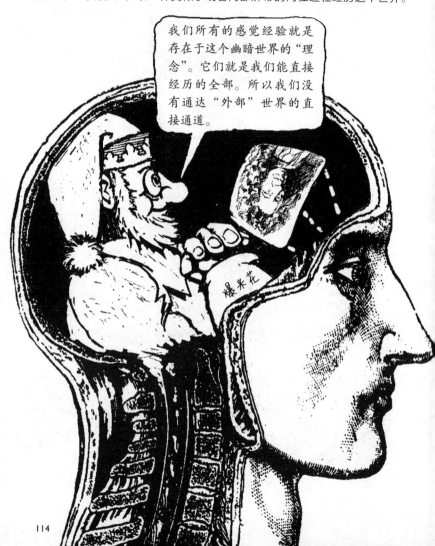

这是一个有关看和听的令人迷惑的说明。探讨对世界的感知时,说得好像它类似于我们思考观念的过程,这似乎很奇怪。更具迷惑性的是,笛卡尔谈到观念时常常就好像它们是物体。这种对感知的探讨引得英国经验主义哲学家,比如**约翰·洛克**(John Locke,1632—1704),进入一个语词与概念的不可能的迷宫,误入歧途很多年。

感知和想象

笛卡尔认为感觉经验是精神过程与生理过程的复合。怀疑和理解纯粹是精神的、非物理的,而其他的精神过程,比如感知和想象,就是二者交织。笛卡尔认为想象依赖于我们对世界的原有的经验。

我们的智力可以立刻掌握一个十二面体(有十二个切面的物体)的概念,但是我们要想象一个十二面体的精神画面总是有困难。

我们的想象会迟缓、欠准确,因为它牵涉大脑里的物理过程。

这也解释了为什么有些感觉,比如饥饿和痛苦的感觉,常常含混又模糊,没有怀疑、理解之类更纯粹的精神过程的那种清楚和明晰。

所以有些精神状态依赖于身体,但另一些,比如怀疑,则"更纯粹",也可以在身体不存在后仍然留存。

以三元论解释感觉

笛卡尔的心灵哲学不是固执的、过于简单的二元论。一些思考过程是纯粹精神的,另一些则奇怪一点儿,是一种精神—物理的杂交。笛卡尔最终对世界及其中的人类持有一种相对妥协但更复杂的"三元论"观点。如果我们看到一只青蛙,那么特定的生理过程会发生于我们的眼球、视觉神经和大脑。我们对青蛙的感觉经验会告诉我们,它是什么颜色的,它发出什么样的声音。我们的心灵会随即对它的形状、大小、重量等做出判断。

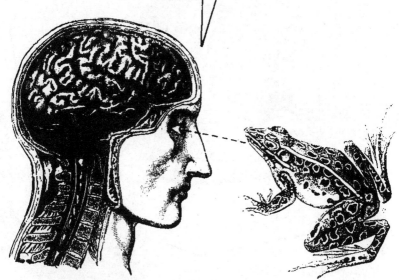

人类拥有"有广延的"身体,像所有物质一样取决于世界中的物理力量。但是人类也有精神实体。他们可以用他们的心灵去怀疑、去判断、去理解。

他们也经历诸如痛苦、饥饿、声音和颜色等感觉——既有物理因素也有精神因素的感觉。

在早期的二元论模型中，石头、动物和人类身体都是仅仅拥有广延的物体。人类也拥有思维，但是他们的感觉得不到解释。三元论观点似乎更有道理。

石头和所有"物体"仍然是有广延的东西，但是动物现在是有感觉的存在了。人类是有广延的东西，也是感觉和非肉体的心灵的经历者。

虽然三元论观点有其自身的问题，它好像的确算是关于人类到底是什么样的一个更变通的说明。

然而，笛卡尔对这个"三元论"观点从没有真正严格的追求。他看待我们仍然是冰冷、抽象的，认为我们主要是心灵寄居之身体。作为人类，我们不是那样的。我们是会感觉、想象和经历的东西，也会思考和存活。对于我们中的大部分人而言，笛卡尔主义的"人"仍然不像是"完全合格的"人。

心灵哲学

笛卡尔的结论很奇怪。但几乎是凭借一己之力开启了一个哲学分支,它现在被称作心灵哲学。心灵仍然是个谜。我们都有心灵,尽管有多久尚可存疑。如果我们像思考世界上的物理客体那样思考心灵,那么"它们如何存在"是很成问题的。很明显,心灵的确存在,但不像胳膊和腿那样存在。对于笛卡尔来说,心灵作为灵魂存在——以一种没有广延的、非物理的方式。对于唯物主义者来说,这种对心灵的说明很让人沮丧、不科学,也太过于神秘。

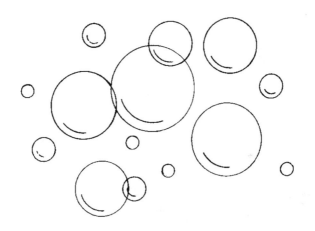

心灵哲学是一个复杂的话题,有自己的论点和行话。心灵哲学家们可以是双重的一元论者、偶然论者、副现象主义者、唯物主义者、功能主义者、行为主义者、认知主义者,甚至是不可知论者。这些哲学家们选择的方向和他们争论的问题,几乎全部直接来源于笛卡尔原创性地发现的"我思"以及笛卡尔对它的思考。关于心灵的各种各样的争论,可能听上去像是当时的哲学家们的古怪游戏,但他们直击的中心是,我们人类如何构想自己,我们觉得自己如何置身于周遭世界。笛卡尔或许没能常常为自己提出的问题提供令人满意的答案——但他的确设定了议题。

对批评的开放态度

《第一哲学沉思集》于1641年以拉丁文出版,正如我们刚才提到的,它展现了笛卡尔在如何为人类知识寻找一个全然确定可靠的基础问题上所做的日常的、个人化的、私人的沉思。《第一哲学沉思集》更多的是探索的,而非教条。笛卡尔强调他的书应该被当作与读者共同完成的开放的文本。

秉持这种开放精神,笛卡尔回应了与他同时代的很多人,他们在人类心灵问题上持不同的观点。他们对于二元论教条的批评,以及他对他们的回复,作为《**第一哲学沉思集**》中的一个部分出版了——"反驳和答辩"。

托马斯·霍布斯(Thomas Hobbes,1588—1679)、**皮埃尔·伽桑迪**(Pierre Gassendi,1592—1655)、**马林·梅森**(又译为麦尔赛纳,Marin Mersenne,1588—1648)等哲学家对笛卡尔有各种反驳,但他总是相信自己的观点是成立的。

如果人们做出他们所能做到的最有力的反驳,我应该感到高兴,因为我希望的结果是让真理更好地凸显。

身心问题

笛卡尔二元论的问题,还是在于精神和物理世界似乎太过不同。

组成物理世界的是物质对象,存在于时间和空间之中,遵循能够以物理学确立的某些规律。

构成精神世界的是思维,似乎在时间和空间之外,是主观的、私人的、因人而异的。

心灵如何作用于物质,物质又如何作用于心灵?大多数哲学家给出了他们独特的一元论或二元论的解答。身心问题无疑大大历练了诸多17世纪的哲学家的头脑。他们提出了很多不同的解决方案——尽管常常显得更像神学而非哲学。

这两个世界依然在交互起作用,也依然不清楚是如何起作用的。

一些奇怪的回答

一个非常奇怪的二元论版本是偶然论,由**尼古拉·马勒伯朗士**（Nicolas Malebranche, 1638—1715）普及开来。他对心灵和物质交互的解释就是,它们并不交互。

当你心中做了一个决定,要移动你的胳膊,并且它也动了,这是因为上帝日常调停以安排出成千上万个巧合,使个体意志下的精神行为,同他们的生理行动相配合。

精神性的思维与物理性的行动之间的联系仅仅是巧合。不是一个引起另一个。

斯宾诺莎（Benedictus de Spinoza, 1632—1677）的方案也同样奇怪。斯宾诺莎抛弃了笛卡尔"两个实体"的观念，转向一元论或者说"一个实体"的观念。双属性理论认为精神和物理事件仅仅是同一个实体的不同侧面，这个实体其实就是上帝。

上帝是所有存在的事物的核心或本质。

这就是为什么心灵和身体存在一种恒久稳定的协调。

莱布尼茨（G.W.Leibniz, 1646—1716）采取了马勒伯朗士的想法的一种变体，有的时候被称作"心理生理平行论"。他是这样解释的：想象有两块表，已经调好了，显示的时间一样。看起来可能好像是一个引起了另一个显示同样的时间，但这两块表是完全分隔开的。心灵和身体也正是这样，尽管经常看起来相关。

这样的一致性从何而来？不可能是因为它们之间的交互作用——它们是如此不同。

偶然论给出了一个答案，但是这个答案似乎依赖于一个忙碌得完全不必要的上帝。莱布尼茨提出，上帝从第一天开始就在二者之间建立了一种和谐，然后就不再干涉。

副现象主义是一种有些奇怪的二元论版本。它认为所有作用都是单向的。身体里的物理事件的确引起了精神事件,但是精神事件从来不能引起物理事件。

我的心灵仅仅是一个方便的,或许令人宽慰的"副现象"。这是个奇怪的观点,因为它意味着人类没有所谓自由意志,因果过程只可能在一个方向上发生。

大脑如何进化成心灵?

首先,许多科学家和哲学家都因为其形而上学假设而担心笛卡尔的心灵模型。人类是经历时间进化的灵长类动物。许多现代科学家都很难接受,人类是唯一拥有非物理的心灵的物种,或者说如此精神化的存在能够从物理起点进化而来。

心灵可能从何而来?

你可以坚持认为,所有生命形态的确都在某种程度上拥有灵魂或心灵,然而当你想到一些低等生命形态,比如蜘蛛的时候,就好像很难接受这一点。

20世纪见证了材料科学的成功,材料科学假定所有事物都能够用物理上的实体或力来解释,但惹人烦恼的是,心灵似乎不能以这种方法来研究。

神经科学家很乐意谈论在大脑里"激活神经元突触",但当他们尝试解释非物理的思维如何引起了物理的行动时,他们就会焦虑得坐立难安。

什么是意识?

意识本身应该是一个生理现象。我们已经进化成有这种属性的存在。然而,它似乎和我们其他的一些生理过程大相径庭,比如生长和消化。意识很不同,因为它的主体性和独特性。

这就是为什么我说只有一种"广延实体",但有多少个体的人就有多少"精神实体"。

尽管如此,看起来像是物理的大脑的活动进程引发了意识的存在,虽然以何种方式、在什么地方引发,仍然是个谜。人类一开始为什么需要意识,也并不完全清楚。一些科学家现在相信,科学或许能够转而采用一些寻常因果律不起效的东西来解释意识,比如量子理论。

意识的不同层面

所以,"我思"(the Cogito)是一个主要问题。它肯定不像笛卡尔想的那样"清楚分明"。对大多数人来说,意识就像一种"内在之光",决定了"我是什么样子"。其他的特征似乎包括统一性、意向性、分辨核心和外围的能力、天赋的格式塔式的知觉以及对熟悉的需求。当我们有意识的时候,我们以一种**一体化**的方式同时经历所有的事情。

……炉火旁狗狗的呼吸,厨房里广播的声响,以及书页上的词语。

当我们从书中抬起头来,看着房间,我们以一体化的方式看它,不是把它看作彼此无关联的墙和家具。我们知道我们在看什么,因为我们**熟悉**椅子和墙纸这些东西归属于什么范畴。

大脑不等于心灵

所以意识因其达成的结果而彼此不同——但它是笛卡尔式的非物理的存在还是某种单调平凡的物体？大多数神经科学家宣称，所有的精神事件都可以用物理概念解释——通常用到的术语是"大脑"，避免使用尴尬的"心灵"一词。他们采取了一种他们可以接受的**一元论**。

通过把所有精神过程简化为物理事件，它们变得没那么形而上学化，变成了像其他事物一样的物理规律的主体。

但是，不管他们多么努力去尝试这样做，人类的感情、信仰和痛苦还是有很多层面好像就是不能用这种简化的方法去解释。在思考自己的方式上，人类似乎是顽固的二元论者。唯物主义者或许宣称要去解释心灵和思维是什么，他们可能**实际上**尝试解释的是意识这样尴尬的东西的存在。

行为主义者

行为主义者走出"心灵悖论"的方法是在事实上完全否认心灵存在。

一切有关个体精神经验的描述都应该被"翻译"为公开的欲望和倾向。

"悲伤"意味着哭泣和哀号,它不是个体的精神事件。如行为主义哲学家**吉尔伯特·赖尔**(Gilbert Ryle, 1900—1976)说过的,没有"机器里的幽灵"。行为主义者相信,把人类设想成"肉身中的灵魂"是一种范畴上的错误——就好像我们把"星期四"和"桌子"混为一谈。

行为主义者的问题

但是如果行为主义者对人类的说明是正确的,在某人"感到"悲伤和"假装"悲伤之间就没有差别了。某人因瘫痪了不能够行动,就推测他没有精神生活。行为主义者也忽视了**感受性**——在一个具体的心灵中到底如何"感觉"。

对行为主义者来说这是不可能的,因为信念和行为是同义词。行为主义者的模型就是无法让人信服。痛的感觉是一回事,我们因痛而做出的行为完全是另一回事。

物理主义者

物理主义者或者叫**心脑同一论者**（Mind/Brain Identity theorists）相信精神和物理事件是同一的。去思考笛卡尔在种蔬菜，不过是一种大脑的具体状态。相信"心灵"和"大脑"是不同的，并分别谈论它们，就像是某人说到"照亮"和"通电"这样同一的事情，却相信它们是不同的。

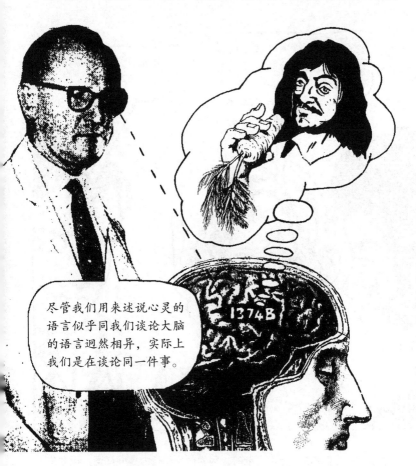

尽管我们用来述说心灵的语言似乎同我们谈论大脑的语言迥然相异，实际上我们是在谈论同一件事。

原则上，一位神经科学家最终能够对大脑状态给出一个详细的说明，我想到笛卡尔在吃胡萝卜，是"在主脑 1374B 区发生的一个活动"。

物理主义者的问题

这个解释的问题在于"原则上"一词。截至目前,对于思维发生在大脑的什么地方,神经科学家们还远远没有如此详细的知识,即使我们作为个体全都清晰又即时地获知自己的想法。想法和大脑的进程看起来完全就不是同一种东西。

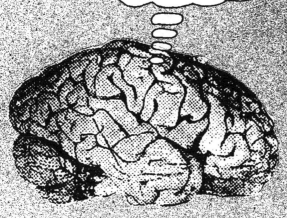

与假设中大脑的状态不同,想法并不存在于一个具体的位置。而且想法似乎总是"关于"什么东西的,大脑状态并非如此。

而且,个体的想法似乎不是可分隔、可量化的,大脑状态作为物理现象,被假设为可分隔、可量化。

我们体验自己的感情时,比如痛苦和欲望(又是那些**感受性**!),它们对我们来说是独一无二的。

人们有一种特定的"感觉",好像就是不能够被简化为物理的、外人可以观察和测量的大脑状态。

"标记同一论"(Token Identity theory)试图绕过这些问题,他们提出个体的想法可能是一种类型(大脑状态的同一种类)里的一个标记(个体的个例)。这就意味着两个完全一样的人可以拥有同样的大脑,有同样的大脑状态,却还是有完全不一样的想法。如果是这样,那么物质和精神之间的关系就仍然是神秘而古怪的。

功能主义者

要解决"什么是意识和思维、又该如何解释它们"这一进退两难的问题，功能主义是最晚近的尝试。功能主义者提出一个现在为人熟知的计算机类比。人的想法就像是软件，经由人类大脑这个硬件来处理。

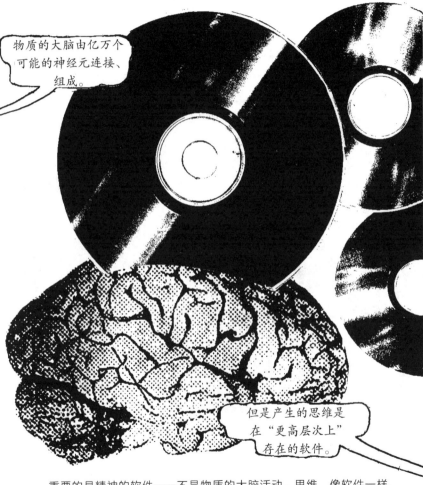

物质的大脑由亿万个可能的神经元连接、组成。

但是产生的思维是在"更高层次上"存在的软件。

重要的是精神的软件——不是物质的大脑活动。思维，像软件一样，没有一个空间上的位置。去追问思维"存在"在哪儿，就像是去问莫扎特的安魂曲"存在"在哪儿一样。

功能主义者仍旧是唯物主义者,但借由谈论"结构"或"系统",而不仅仅谈论物质,他们拓展了通常被认为属于"物质"或"物理"的范围。他们强调了"存在"并不意味着是"明显的"或"可见的"。思维和意识存在于一种更高级、也更概念化的层面上——就像是计算机软件那样"存在"。精神状态之所以是精神的,是因为它们具有因果关系。

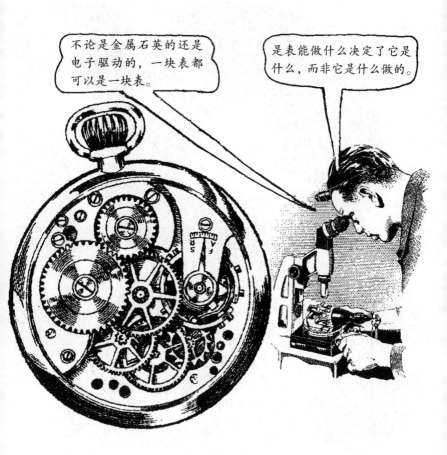

思维和意识也是一样的。二者都存在于人类的大脑中,但在其他的外星生命那里,或是在组装方式与我们人类完全不同的智能机器里,它们也可以表现得一样好。是软件而非硬件决定了思维。

功能主义者的问题

听起来很有道理,但是到头来,功能主义者还是认为像人类信念这种东西归根结底可以被还原为,一组放电的神经元产生了适当的因果关系。精神状态是功能状态,功能状态是物理状态。

这种把"物质"和"物理"意义推得越远越好的努力,是逃离二元论的神秘主义、逃离行为主义与物理主义的明显问题的最晚近尝试。

人类和计算机

功能主义还提出了计算机是否能够真正思考并有意识这个话题。如果是软件制造出意识，与其涉及的物理硬件之属性并不相关，那么由此推论，计算机就可能最终变得有意识。思考的机器的这种可能性引发了笛卡尔的兴趣。他觉得或许有可能制造一台机器人，看着像人类，也似乎会思考，并像我们一样使用语言。

但很难让人相信这台机器能够适当组织词语，以此回应它正在参与的话题，并做出合适的有意义的回答，就像最愚蠢的人也能做到的那样。

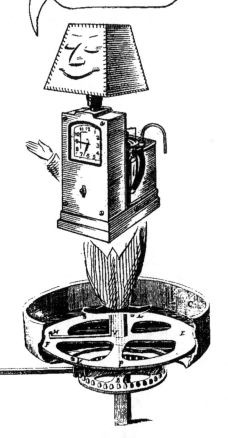

其次,即使这样的机器可以像我们一样把一些事做好,甚至做得比我们还要好,它们总是不可避免地要在另一些事上失败,进而揭示出它们的行动并不是出于理解,而只是出于它们的部件的排列……推理是一种通用的方法,能够在各种各样的情况中使用。

计算机能理解吗?

笛卡尔似乎预言了有关人工智能的诸多当下的争论。他可能会同意哲学家约翰·塞尔（John Searle, 1932— ）的论证,一台计算机可以有效地处理数据,但永远不会以人类的方式"理解"数据。

人类的意识不是一个数字的或计算的现象。

一台计算机类似于一个不会说汉语的人,被关在房间里,根据一套规则接收、重组、然后发布一系列汉字。

从外部看起来,好像这个人懂汉语,但他并不懂。

所以计算机可能看起来好像懂得思维与观念,但实际上并非如此。这表示,尽管计算机类比和功能主义理论或许为我们提供了新的方法,去逃离二元论的悖论,但它们还是不能告诉我们全部——关于心灵、关于思维、关于心灵和思维如何与物质的大脑相关联。

即使我们"可以"制造一台计算机,它最终以某种方式变得有意识,我们也还是不能"解释"什么是意识……

不管多么天才的组装让它的工作畅通无阻，要去相信一台机器能够以我们人类那种内在、主观、强烈不安的方式经历痛苦，肯定还是很奇怪的。人类区别于世界上其他万物的恰恰是我们的第一人称视角。

> 我们是物理世界的一部分，但也许我们不能以唯物主义和科学采用那种的"第三人称的"视角被还原回世界中。

意识和思维的现象现在看起来似乎超出了哲学家和科学家的解释范围。现代的心灵理论常常更像是把二者都当作问题来绕过，也许因为它们从根本上讲都是不可解决的。勒内·笛卡尔可能还是笑到了最后。他的"我思"由始至终都是个神秘莫测的东西。

《哲学原理》

1643年,笛卡尔开始同波希米亚的伊丽莎白公主通信,公主自己被流放,住在荷兰。她是一位不同寻常的二十四岁的知识青年,在身心关系、理性、激情与道德问题上,向笛卡尔提出过许多棘手的挑战。

1644年,笛卡尔发表了他的最后一部巨著《哲学原理》,他在其中讨论了形而上学、物理学和物理的宇宙。

他强烈驳斥亚里士多德大部分的目的论学说(万事万物的存在都有一个最终的目的),又只是试探性地提出地球绕着太阳转,而不是相反。

归隐

笛卡尔随后监督、指导了他自己的《第一哲学沉思集》和《哲学原理》从拉丁原文被翻译到法文。(拉丁文那时在整个欧洲还是作为学术的通用语言来使用。)他在荷兰的乡下度过余生,吃自己在菜园里种的菜,与朋友们保持通信。

要想幸福,一个人应当隐居。

——奥维德

1648年,一位叫弗朗斯·比尔曼(Frans Burman)的年轻学者拜访了五十二岁的哲学家笛卡尔,并记录了他和笛卡尔对话的全部内容。

年迈的哲学家现在想要从争执不休的学术世界中撤离,从清教和天主教神学家的滔滔声讨中隐退。

他们都擅长诽谤术。

1649年,笛卡尔写完了自己的最后一部作品《论灵魂的激情》,一本关于伦理学和幸福的书。

笛卡尔与伦理学

笛卡尔在他的哲学著作中对伦理学或政治学出人意料地所言甚少,或许这是稳妥的。但是他对以下问题感兴趣:如果想要幸福满足,我们应该过什么样的生活。他是科学的狂热信徒,认为科学能使人长久受益,可以令人活得更健康、活得更久。

在《论灵魂的激情》一书中,他坚持认为激情和情感,比如爱、欲望、憎恨、愉悦等等,都是由身体引起、在灵魂中产生的经验。

这意味着我们必须训练自己使用意志的力量压制这些区区的物理事件。如果我们可以做到,那么我们便不再困惑、糊涂,我们的知识也会大有增益。

这听起来相当无趣。也许这是对人类是什么样的、人类能做到什么,抱有极大的乐观。在笛卡尔开始思考之后的几个世纪里,人类似乎没能控制住自己残暴和毁灭性的激情。更有甚者,人类操纵理性和科学为激情服务,远超过其对激情的控制。

英格兰的邀请？

1640年笛卡尔差一点儿接受查尔斯·卡文迪什爵士（Sir Charles Cavendish）的邀请踏上英格兰之旅。有个传说是他1641年去了并稍作停留，但这听上去非常不可信。实际上笛卡尔好像放弃了到访英格兰的主意。

瑞典的邀请

笛卡尔同瑞典的克里斯蒂娜女王保持通信已有一些年头。1649 年,也许带着一丝释然,他接受邀请去做她的哲学导师。克里斯蒂娜女王是一位行为古怪的才女。

她拒绝传统的妇女服饰,坚持穿平底鞋。

她也是一位杰出的骑手,会说六门语言。她的嗓音比较雄浑,每天学习至少六个小时。

法国人都跳舞

笛卡尔差不多刚刚抵达,女王就邀请他跳芭蕾舞。笛卡尔通情识趣地拒绝了。

清晨 5 点的课程

笛卡尔对踏上那片"狗熊、石头和冰雪"的土地抱有疑虑。

那是一个严寒刺骨的冬天。笛卡尔不得不打破了他保持了一生的晚起的习惯,每个清晨在黑暗中步行到王宫。

1650年,仅仅在到达瑞典几个月后,笛卡尔就死于肺炎。据说他死前的遗言是:"这是我的灵魂,它要离开了。"十三年后他的著作被罗马天主教廷禁止,被列为禁书。

他对钱财几乎没什么兴趣。巴耶(Adrien Baillet)说:"比起称量金属,他对了解和解释它们更感兴趣。"在笛卡尔去世时,他堪称清贫。

笛卡尔的通信只在其死后保留了一段时间。他带着其中大部分一起去了瑞典。葬礼完成后,信件被装船运回巴黎,但是船还没到目的地就沉了,他的上百封信件在水里泡了三天。

幸运的是,其中的大部分都失而复得,被悬挂晾干了。尽管总体状态不佳,但还算可以辨认。

笛卡尔的遗产

笛卡尔常被称为"现代哲学之父",理由十分充分。只要有思想者存在,他提出的问题就会一直引人入胜。

我注意到,完全不同的自然现象都显示出它们遵循着少数几条原理,而这些原理都可以用数学表达。

如果没有笛卡尔,就不会有斯蒂芬·霍金(Stephen Hawking)。

笛卡尔用这种思考知识的新方法帮助我们创造了现代。在这个时代,科学的、技术的思考与控制体系取代了魔法和神秘主义。

笛卡尔之后，科学变得更体系化，其内容和方法论得到广泛的认可。因此，对于这种在 17 世纪逐渐勃兴并塑造了我们今日之世界，如今被称为"科学"的相对较新的思考方法，笛卡尔也有部分贡献。

尽管笛卡尔的宇宙是物质的、冰冷的、遵循几何规律的，我们自身却还是非物质的、精神的。

思考的个体

笛卡尔的传世形象也许一直都会是那个坐在暖房里度过巴伐利亚的冬天的年轻人,下定决心要通过考察个人的想法来发掘一整套新的知识。

在世界这本大书里学习过许多年,并尝试去获得许多经验后,我决定也要从自身内部学习。

这听上去很合理。但是大多数现代哲学家认为,他宏伟工程的根基就有缺陷。

后现代的心灵

现在没有多少心理学家或哲学家接受笛卡尔的模型,把心灵当作什么"透明的",因而是向我们"开放观察"的东西。

我们是社会性动物,我们用公共语言去思考——我们坐下独自沉思时,很容易忘掉这一点。

哲学家**路德维希·维特根斯坦**（Ludwig Wittgenstein，1889—1951）一生花了大量时间，指出笛卡尔的心灵模型和笛卡尔式的怀疑二者均有内在的不连贯处，从而驳倒了笛卡尔的学说。

在起源处的

我们不可能怀疑外部世界的存在，是建基于外部世界的语言构成了我们全部的怀疑论。

一些后现代精神分析学家，比如**雅克·拉康**（Jacques Lacan，1901—1981）相信，我们对私人化的个体自我的普遍信念，可能本身就只是一个比较好用的幻觉而已。

是语言

语言先于任何个体。所以，如果我们的心灵根本上是语言性的，那么人类的自我就无可置疑的是社会性的。

坐下思考私人的念头，比笛卡尔意识到的要难得多。而且是"谁"在做这些思考也并不全然清楚。

企图说明意识，或许就像解答'大爆炸'之前的宇宙是什么样"的问题一样不可能。

"我们到底如何思考?"

笛卡尔对于什么是思考和感知的说明也很成问题。他的说明从根本上是一种同义反复。他把一开始要考察的心理现象归为内在的"精灵矮人"或小人儿,于是就等于什么也没有解释。

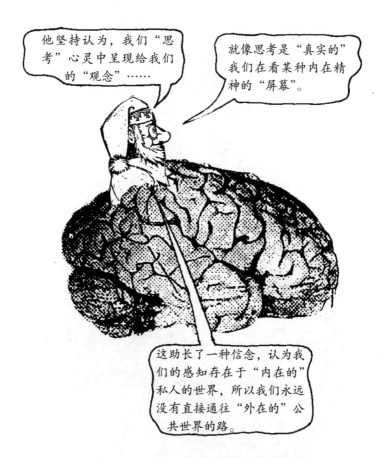

他坚持认为,我们"思考"心灵中呈现给我们的"观念"……

就像思考是"真实的"我们在看某种内在精神的"屏幕"。

这助长了一种信念,认为我们的感知存在于"内在的"私人的世界,所以我们永远没有直接通往"外在的"公共世界的路。

大部分心理学家现在认为,我们关于世界的经验,比这一模型暗示的要更为即时、直接。他们也会强调感知是多么活跃,富于创造性——感知更像是大脑在实时写作一部小说,而不像是小人儿看电影。

知识与确定性

从个人思考出发,以数学形式表达,用确定的科学知识来构建一个新的成体系的架构,笛卡尔的这一工程似乎也是镜花水月。

20世纪的科学家常常意识到,他们的工作总是必须仅仅被当作一种推测的可能性,没有什么笛卡尔以为的那种确定的科学真理,能够被心灵掌握。

后现代主义

一些更晚近的哲学家,比如**保罗·费伊阿本德**(paul feyerabend,1924—1994)和**米歇尔·福柯**(Michel Foucault,1926—1984)强调,科学知识在相当的程度上和其他知识一样,是一种文化和政治现象。

我们追求知识,但是知识总是离我们远去。

当我们以为自己掌握知识时,我们发现自己只是紧紧抓住了那些局限于人类能力之内的、容易出错又暂时易变的东西。

所以,笛卡尔相信我们能获得确定可靠的科学知识,这或许是错的。

如今,笛卡尔这个普遍怀疑的人,更像是与我们同时代的人。

对他来说,怀疑仅仅是一个临时的策略,现在对我们而言它更像是关于人类状况的根本真理。

后现代主义的普遍怀疑大体源于另一个不可见的恶魔——对语言指称他物的能力丧失信仰。但那是另一个故事了……

延伸阅读

笛卡尔哲学有一大优点就是其主要哲学著作清通可读——20世纪哲学很少有这样的特点。笛卡尔行文生动、清晰且活泼。他鼓励读者们主动思考,参与作品。他不是用学术论文的形式,而是用自传和个人心智旅行的方式呈现自己的哲学。所以,他本人的作品以及有关他的评论,都是很值得去读的。

有关笛卡尔著作的选集,比较好的是 Anscombe 和 Geach 编纂的《笛卡尔哲学作品集》(*Descartes' Philosophical Writings*, Nelson University Paperbacks, 1970)。这套书包括《谈谈方法》、《第一哲学沉思集》和《反驳与答辩》,还有很多书信和其他作品的选段。

本书作者采用的笛卡尔作品的英文版,是由 Cottingham, Stoothoff 和 Murdoch 翻译的两卷本《笛卡尔哲学著作集》(*The Philosophical Writings of Descartes*, Cambridge University Press, 1985)。

笛卡尔哲学的导读,最好的大概是 John Cottingham 的《笛卡尔》(*Descartes*, Blackwell, 1986)。Cottingham 的另一本书《理性主义》(*Rationalism*, Paladin Granada, 1984)也易懂且颇有助益。

关于笛卡尔,还有很多其他有用的、关键的著作:

D.M. Clarke, *Descartes' Philosophy of Science* (Manchester University Press, 1982)

E.M. Curley, *Descartes Against the Sceptics* (Blackwell, 1978)

A. Kenny, *Descartes* (Random House, New York, 1968)

Johnathan Rée, *Descartes* (Allen Lane, 1974)

B. Williams, *Descartes, The Project of Pure Enquiry* (Penguin, 1978)

关于数学哲学有很多书,下面仅列一些:

John D. Barrow, *Pi in the Sky* (Clarendon Press, 1992)

Carl Boyer, *A History of Mathematics* (Wiley, 1995)

Davis and Hersh, *The Mathematical Experience* (Penguin, 1983) 和 *Descartes' Dream* (Penguin, 1988)

Robert Osserman, *Poetry of the Universe* (Weidenfeld, 1995)

Ian Stewart, *Nature's Numbers* (Weidenfeld & Nicholson, 1995)

意识和心灵哲学方面的书籍数量蔚为壮观。下面是最近的一部分：

Francis Crick, *The Astonishing Hypothesis: The Scientific Search for The Soul* (Simon & Schuster, 1994)

Daniel C. Dennet, *Kinds of Minds: Towards an Understnading of Consciousness* (Weidenfeld & Nicholson, 1996)

Owen Flanagan, *Consciousness Reconsidered* (MIT, 1995)

Richard Gregory 编, *The Oxford Companion to the Mind* (Oxford University Press, 1987)

David Hodgson, *The Mind Matters: Consciousness and Choice in a Quantum World* (Oxford University Press, 1995)

Darryl Reaney, *Music of the Mind: An Adventure into Consciousness* (Souvenir, 1995)

科学哲学是一个让人却步的话题，但有两本非常好的入门读物：

A.F. Chalmers, *What is this thing called Science?* (Open University Press, 1980)

Anthony O'Hear, *An Introduction to the Philosophy of Science* (Oxford University Press, 1990)

另外有一本关于怀疑论的书：

Christopher Hookway, *Scepticism* (Routledge, 1990)

致谢

《笛卡尔》一书作者想在此感谢克里斯·加勒特（Chris Garratt），他帮助这本时不时难读的书变得有趣，也更易懂。对经验老到的编辑理查德·阿皮尼亚内西（Richard Appignanesi），作者也亏欠了很多很多。

排版助理

索菲·加勒特（Sophie Garratt）　蒂莫西·加勒特（Timothy Garratt）

索引

alchemy 炼金术 14
Ancient Greeks 古希腊 84
animals 动物
    as feeling beings 作为有感觉的物体 120
    as machines 作为机器 98—99
Aristotle 亚里士多德 11, 13
Art of Fencing 击剑艺术 3
astrology 占星术 14
atoms, Descartes' theory 原子，笛卡尔的理论 19

Bacon, Francis 培根，弗朗西斯 15
Beeckman, Isaac 贝克曼，伊萨克 5
Behaviourism 行为主义 136—137
Belief vs. Understanding 信念与理解 70—72
body, existence of 物理的存在 103—107
brain 大脑
    and consciousness 与意识 109—110, 132
    and mind 与心灵 130
Burman, Frans 比尔曼，弗朗斯 151

Cartesian 笛卡尔主义
    circle 循环 64
    coordinates 协调 86
    doubt 怀疑 37—38
    dualism 笛卡尔式二元论
    mind model discounted 打折的心灵模型 163
    universe 宇宙 21
Causal Adequacy Principle 充足因果律 62—63
causal necessity 因果必然性 26

cause 原因 21
    and effect 与结果 63
Christianity 基督教
    and philosophy 与哲学 12
    and scientific thinkers 与科学思想者 16
        see also under God 见 上帝
clarity 澄清 23—24
clear and distinct ideas 清楚分明原则 59—61, 80—82
    body and mind 身体与心灵 107
    and God 与上帝 66—67
    problems 问题 60
Cogito, the 我思 53—59, 133
Cogito ergo sum see Cogito, the 我思故我在 见 Cogito
computers and humans 计算机与人类 144—148
consciousness 意识 132—135, 144—148
corpuscles 微粒 19—20
Cratylus 克拉底鲁 31

demon see invisible demon 恶魔 见 不可见的恶魔
Descartes 笛卡尔
    birth 出生 2
    books banned 著作被禁 158
    death 死亡 158
    as father 作为父亲 10
    health 健康 2
    legacy 遗产 160—169
    life 生活 2—10, 74—79
    philosophy flawed 哲学上的缺陷 162
    as a representative realist 作为一个代表性的现实主义者 81
    retirement 归隐 150
    school 学校 2

and vivisection 活体解剖 98—99
Discourse on the Method《谈谈方法》10, 22, 59
 clear and distinct rule 清楚分明原则 59, 60
Double Aspect Theory 身心平行论 127
doubt 怀疑 39—43
 Cogito, the 52—57

dreams 梦 6—8, 42, 47—48, 87
dualism 二元论 102—104
 evidence 证据 108
 problems with 问题 106, 111, 124

emotions 情感 152—153
empiricism 经验主义 29—30
Empiricus, Sextus 恩披里克，塞克斯都 35
Epiphenomenalism 副现象主义 129
Erasmus 伊拉斯谟 35
Essays 论文集 22
essence 本质 101
Euclid 欧几里得 89
existentialism 存在主义 55
extended substance 广延实体 132

faith 信仰 71—72
Feyerabend, Paul 费耶阿本德，保罗 168
Fibonacci numbers 斐波那契数列 85
final cause see cause 目的因 见 原因
first person perspective 第一人称视角 148
formalists 形式主义者 90
Foucault, Michel 福柯，米歇尔 168
free will 自由意志 68
Functionalism 功能主义 141—145

Galilei, Galileo 伽利略，格里利奥 15

arrest 软禁 16
geometry 几何学 89
God 上帝
 Double Aspect Theory 身心平行论 127
 Existence "proved" 存在"被证明" 60, 63, 66
 faith 信仰 72
 and mathematics 与 数学 82
 and Occasionalism 与 偶然论 126
gravity 重力 20
Greeks see Ancient Greeks 希腊 见 古希腊

hearing 听见 114—115
Heraclitus 赫拉克里特 31
Holland, Descartes settles in 荷兰，笛卡尔定居于 9
human error 人类犯错 67—71
Hume, David 休谟，大卫 167

"I think therefore I am" see Cogito, the "我思故我在"，见（我）思
 see also body, existence 又见 物理的存在
ideas, Descartes on 观念，笛卡尔的论述，23—24
 see also clear and distinct ideas 又见 清楚分明的观念
imagination 想象 116—117
immortality see soul 不朽 见 灵魂
invisible demon 隐形恶魔 44—45, 49, 54, 60

Kepler, Johannes 开普勒 15
knowledge 知识
 doubting 怀疑 37—43, 52
 dubitable/indubitable 可以怀疑的/不可怀

疑的 37
    and mathematics 与数学 18
    public 公共的 58
    Pyrrhonist view 皮浪主义者的观点 33
    and science 与科学 14
    and the senses 与感官 40—41
       see also scepticism 又见 怀疑主义

Lacan, Jacques 拉康，雅克 164
language 语言 108, 164
law, Descartes' study of 法律，笛卡尔的学业 3
"leaky proofs" "有漏洞的证明" 66
Leibniz, G.W. 莱布尼茨，G.W. 128
letters of Descartes 笛卡尔的书信 159
Locke, John 洛克，约翰 115
logical necessity 逻辑必然性 26

machines 机器
    bodies as 身体作为机器 98—100
       see also computers and humans 又见 计算机与人类
Malebranche, Nicholas 马勒伯朗士，尼古拉 126
mathematician, Descartes as 笛卡尔作为数学家 86—87
mathematics 数学 8, 86—98
    certainties 确定性 84—85
    doubting 怀疑 44
    as human invention 作为人类发明 88, 90
    as truth 作为真理 97
    and the universe 与宇宙 85, 88, 93
Meditations《第一哲学沉思集》36, 73, 122—123
    clear and distinct rule 清楚分明原则 59, 60
mental states 精神状态 117

mind 心灵
    and body interaction 身心交感 124—131
       see also dualism 又见 二元论
    existence of 心灵的存在 121
    limitations of 心灵的限制 67—71
    origins 起源 130
    and soul 与灵魂 105
       see also dualism 又见 二元论
Mind/Brain Identity Theory 心脑同一论 138—140
Montaigne, Michel de 蒙田，米歇尔·德，35

Netherlands see Holland 尼德兰 见 荷兰
Newton, Isaac 牛顿，伊萨克 20

Observation, importance of 观察的重要性 27
Occasionalism 偶然论 126
occult 魔法 14
Ontological argument 本体论论证 65
Optics, Descartes' study of 光学，笛卡尔的研究 19

Paracelsus 帕拉塞尔苏斯 14
Pascal, Blaise 帕斯卡，布莱士 72
Passions of the Soul 灵魂的激情 152—153
perception 知觉 21, 80, 116—117
    belief and faith 信念与信仰 71
    empiricists vs. rationalists 经验主义者与理性主义者 29—30
    Pyrrhonist view 皮浪主义者的观点 32—34
Philosophical essays 哲学论文集 10
philosophy 哲学
    in Descartes' time 在笛卡尔的时代 11
    and science 与科学 17

Philosophy of Mind, the 心灵哲学 56，121
Physicalists see Mind/Brain Identity Theory 物理主义者 见 心脑同一论
pineal gland 松果体 113
planets, study of orbits 星体，运行轨道的研究 15
Plato 柏拉图 43，84
Platonist view 柏拉图主义者的观点
 held by Descartes 为笛卡尔所继承 91，96
 of mathematics 关于数学 93，96
Popper, Karl 波普尔，卡尔 167
Princess Elizabeth of Bohemia 波希米亚的伊丽莎白公主 149
Principles of Philosophy《哲学原理》10，149
 Psychophysical Parallelism 心理生理平行论 128
Pyrrhonists 皮浪主义者 32—34
Pythagoras 毕达哥拉斯 84，96

qualia 感受性 137
quantum theory 量子理论 132
Queen Christina of Sweden 瑞典的克里斯蒂娜女王 155—157

rationalism 理性主义 28—30，43
reality 现实 63
reductionism 还原主义 18
religion see Christianity 宗教 见 基督教、上帝
representative realism 表象实在论 81
res cogitans 精神实体 101，118
res extensa theory 广延实体理论 96—98
Roman Catholic Church see Christianity 罗马天主教廷 见 基督教

Ryle, Gilbert 赖尔，吉尔伯特 136

Sartre, Jean—Paul 萨特，让—保罗 55
scepticism 怀疑主义 31—41，50—51
scholasticism 经院主义 11—12
schoolmen 经院学者 12
science 科学
 in Descartes' time 在笛卡尔的时代 11，14
 and philosophy 与 哲学 17
Searle, John 塞尔，约翰 146
seeing 看见 114—115
senses 感觉 140
 knowledge through 得的来的知识 39
 lack of clarity 缺乏明确性 117
 unreliability 不可靠 40—41，46
shrine, visit to 参加加冕仪式 9
sight see seeing 视力 见 看见
software, thoughts as 思维作为软件 141
Sorbière, de 索比埃，德 75
soul 灵魂 102—106，108—109，111—113
 Descartes' image of 笛卡尔的图景 114，121
Interaction with body 同身体的交感 113
Spinoza, Benedictus 斯宾诺莎 67，127
spirit see soul 精神 见 灵魂
St Anselm 圣安瑟伦 65
St Augustine 圣奥古斯丁 35
St Thomas Aquinas 圣托马斯·阿奎那 12
substance 实体 101—102，132
sun see planets, study of orbits 太阳 见 星体，运行轨道的研究
Sweden, invitation to 瑞典，邀请 155—157
swordsman, Descartes as 笛卡尔作为剑客 3

Theory of Everything 万有理论（TOE）92

Thirty Years' War 三十年战争 4
thinking 思考 50, 53, 162—169
　and the brain 与 大脑 138—140
　　see also consciousness 又见 意识
　existence of 思考的存在 103
　functionalism 功能主义 141—145
　mind and body interaction 身心交感 124
　substance see res cogitans 实体 见 精神体
thoughts see thinking 思想 见 思考
Token Identity Theory 标记同一论 140
Trademark argument 标记论证 62
tralism 三元论 118—120
truth and mathematics 真理与数学 97

understanding vs. belief 理解与信念 70—72
unity in knowledge 知识的统一体 18
universal 普遍的
　language 语言 79
　scepticism 怀疑主义 50
universe 宇宙
　of Descartes' time 在笛卡尔的时代 20—21
　and mathematics 与 数学 85, 98, 93

visual clarity 视觉的明确性 23—24
vivisection 活体解剖 98—99

will 意志
　and faith 与 信仰 72
　and the intellect 与 理智 68—69
　and subduing emotions 与 抑制情感 153
Wittgenstein, Ludwig 维特根斯坦，路德维希 164
World, The 《论世界》 16